HISTOIRE GÉNÉALOGIQUE

DE LA FAMILLE

JUCHAULT DE LA MORICIÈRE

ET

DES JAMONIÈRES

DE SES ALLIANCES
ET DES SEIGNEURIES QU'ELLE A POSSÉDÉES

BRETAGNE

D'APRÈS LES ARCHIVES INÉDITES DE LA VIGNETTE ET DE LA MORICIÈRE
ET LES DOCUMENTS CONSERVÉS DANS LES DÉPÔTS PUBLICS
ILLUSTRÉE DU BLASON EN COULEURS DE LA FAMILLE
DE 13 BLASONS D'ALLIANCES EN NOIR, INTERCALÉS DANS LE TEXTE
ET DE LA REPRODUCTION D'UN SCEAU
ET ACCOMPAGNÉE DE DEUX TABLES DE NOMS DE FAMILLES
ET DE LOCALITÉS

PAR

THÉODORE COURTAUX

PARIS

CABINET DE *L'HISTORIOGRAPHE*
(RECUEIL DE NOTICES HISTORIQUES SUR LES FAMILLES)
Rue Nollet, 93

M DCCC XCVI

HISTOIRE GÉNÉALOGIQUE

DE LA FAMILLE

JUCHAULT DE LA MORICIÈRE
ET
DES JAMONIÈRES

HISTOIRE GÉNÉALOGIQUE

DE LA FAMILLE

JUCHAULT DE LA MORICIÈRE

ET

DES JAMONIÈRES

DE SES ALLIANCES

ET DES SEIGNEURIES QU'ELLE A POSSÉDÉES

BRETAGNE

D'APRÈS LES ARCHIVES INÉDITES DE LA VIGNETTE ET DE LA MORICIÈRE
ET LES DOCUMENTS CONSERVÉS DANS LES DÉPÔTS PUBLICS
ILLUSTRÉE DU BLASON EN COULEURS DE LA FAMILLE
DE 13 BLASONS D'ALLIANCES EN NOIR, INTERCALÉS DANS LE TEXTE
ET DE LA REPRODUCTION D'UN SCEAU
ET ACCOMPAGNÉE DE DEUX TABLES DE NOMS DE FAMILLES
ET DE LOCALITÉS

PAR

THÉODORE COURTAUX

PARIS

CABINET DE *L'HISTORIOGRAPHE*

(RECUEIL DE NOTICES HISTORIQUES SUR LES FAMILLES)

Rue Nollet, 93

M DCCC XCVI

Cette HISTOIRE GÉNÉALOGIQUE *de la famille Juchault de la Moricière et des Jamonières, de ses alliances et des sgries qu'elle a possédées a été puisée aux sources suivantes :*

1° *Archives de la Vignette, com. du Cellier, cant. de Ligné, arr. d'Ancenis (Loire-Inférieure), appartenant à Monsieur le baron* Arthur-Antonin *Juchault des Jamonières ;*

2° *Archives de la Moricière, com. de Saint-Philbert-de-Grand-Lieu (même département), appartenant à Madame la comtesse Henry de Castries, née Juchault de la Moricière.*

3° *Bibliothèque nationale. Collection Chérin, vol. 112, cote 2330. Mémoire dressé, le 13 janv. 1787, par Louis-Nicolas-Hyacinthe Chérin, généalogiste des ordres du Roi, sur titres produits par la famille Jachault pour les Écoles Royales Militaires.*

4° *Archives de la Loire-Inférieure, série E.*

5° *Potier de Courcy.* Nobiliaire de Bretagne, *3ᵉ édition.*

6° *Ernest de Cornulier.* Dictionnaire des terres et seigneuries de l'ancien comté Nantais. *Nantes, in-8°, 1860.*

Etc.

Pour l'orthographe actuelle des noms de lieux du canton de Saint-Philbert-de-Grand-Lieu, nous avons suivi le beau Plan cadastral de ce canton, complété par F.-J. Pinson, agent-voyer, vérifié et publié par Charles de Tollenare, agent-voyer en chef de la Loire-Inférieure, revu et corrigé, sous la direction de J. Menet, agent-voyer en chef, par J. Vincent, agent-voyer dessinateur. 1888.

T. C.

Paris, janv. 1896.

ABRÉVIATIONS:

Arr. = arrondissement. Aud. = audit. Bapt. = baptisé. Cant. = canton. Chlr = chevalier. Com. = commune. Cons^r = conseiller. Inh. = inhumé. Lad. = ladite. Led. = ledit. N... = prénom inconnu. Par. = paroisse. Sgr = seigneur. Sgrie = seigneurie. S^r = seigneur ou sieur.

Les dates, pour la période antérieure à 1565, sont en style ancien.

JUCHAULT DE LA MORICIÈRE ET DES JAMONIÈRES

BRETAGNE

SEIGNEURS DE LA MORICIÈRE, DES JAMONIÈRES, DU CHAFFAUT, DE MONÇEAUX, DU PIED-PAIN, ETC.

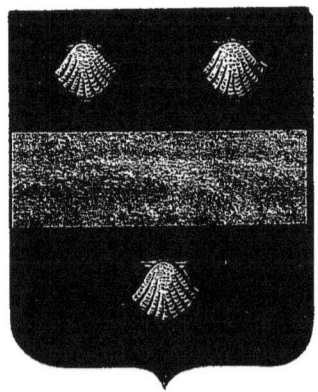

Armes : *d'azur, à la fasce d'or, accompagnée de trois coquilles d'argent, deux en chef et une en pointe.* (*Armorial général officiel de France* de 1696, registres de Bretagne : I, pages 157, 167, 169, 173; II, pages 174 et 180. Manuscrit original de la Bibliothèque nationale).

Devise : *Spes mea Deus.*

La famille Juchault de la Moricière et des Jamonières est originaire de la ville de Nantes où elle était représentée, au xv⁰ siècle, par noble, vénérable et discret messire Nicolas Juchault, trésorier de Saint-Pierre de Nantes, qui, en 1406, fut commis pour taxer les réparations faites en la chapellenie de la Billaudière, près des Blottereaux en Doulon, et par maître Pierre Juchault, consʳ au Parlement de Bretagne en 1476. (*Arch. de la Vignette.* Ancien inventaire).

La famille Juchault a donné plusieurs officiers à la Chambre des Comptes de Bretagne, entre autres un président, et produit un maire de Nantes en 1642 et 1643, des députés de la noblesse aux États de Bretagne de 1643 et 1764, un commissaire pour l'évaluation des domaines du Roi dans cette province sous Louis XIV, un capitaine au régiment d'Orléans, chevalier de Saint-Louis, et de nos jours un général de division, ministre de la guerre.

Elle a été maintenue dans sa noblesse par arrêt de la Chambre de la Réformation de Bretagne du 7 sept. 1669, sur preuves remontant à Michel Juchault, sʳ de la Salmonière, auditeur de la Chambre des Comptes de Bretagne, né en 1544.

Ses armoiries ont été enregistrées, comme elles figurent en tête de cette généalogie, dans l'*Armorial général officiel de France*, dressé et paraphé, en vertu de l'édit royal de nov. 1696, par Charles-René d'Hozier, juge d'armes de France et garde dudit Armorial, aux noms et requêtes de Louise Juchault, femme de Jean Bidé de la Provosté, consʳ du Roi, correcteur en la Chambre des Comptes de Bretagne; de Claude Juchault, douairière de Lourselière; de Christophe Juchault, écuyer, sgr de Lorme; de

François-Luc Juchault, prêtre, recteur de la par. de Sainte-Pazanne, et de Françoise Juchault, veuve de René de Sesmaisons, chlr, sgr de Tréambert. (Manuscrit de la Bibl. nat., registres de Bretagne : I, p. 157, 167, 169 et 173 ; II, p. 174 et 180. Bureau de Nantes.) Un de ses membres, Louis-Marie Juchault des Jamonières, né à Nantes, le 23 oct. 1769, a été fait baron avec institution d'un majorat sur les terre et château de Clermont, arr. d'Ancenis, par lettres patentes du 28 janv. 1826, enregistrées à la Cour Royale de Nantes, le 23 avril 1827.

La famille Juchault a possédé en Bretagne les sgries de la Moricière, des Jamonières, du Chaffault, de Monceaux et du Pied-Pain, par. de Saint-Philbert-de-Grand-Lieu, — du Blottereau et du Gué-Robert, par. de Doulon, — de la Salmonière, — du Plessis-Grimaud, par. de Saint-Viaud, — de Pouillé, par. de ce nom, — de la Cour, par. de Pannecé, — de la Bourderie, par. de Haute-Goulaine, — de l'Espinay, par. du Bignon, — de la Jarrie, par. de la Chapelle-Basse-Mer, — de Beaulieu, par. de Mesquer, — de Kerdour [1], — du Perron, — de Lorme, *aliàs* de Lourme, de la Grande-Noë et du Prébilé.

Elle a contracté de belles alliances avec les familes du Bois-David, de Sesmaisons, de Vauferrier, du Couëdic, d'Yrodoüer, Bouhier de la Verrie, du Bot de Talhouët, de la Tullaye, du Chaffault, etc.

Il existe actuellement (1896) à Montfaucon, chef-lieu de cant. de l'arr. de Cholet (Maine-et-Loire), une honorable famille Gautret, dont le chef, par un jugement du tribunal civil de Beaupréau, en date du 7 juin 1859, a obtenu une rectification de son état civil et a été

---

1. Terre et juridiction, par. de Batz et appartenant, en 1678, à François Juchault. (E. de Cornulier. *Dictionnaire des terres du comté Nantais*.)

autorisé à s'appeler à l'avenir *Gautret de la Moricière*. Cette famille n'a aucun lien de parenté avec celle des Juchault de la Moricière dont nous publions la généalogie, comme on peut s'en convaincre par le texte même du jugement précité, que nous publions aux *Preuves et Notes* qui accompagnent notre travail, afin que les deux familles ne soient pas confondues. Il résulte aussi de ce jugement qu'à la métairie de la Moricière, possédée depuis longtemps par la famille Gautret, et située aux environs de Montfaucon, n'était attachée aucune prérogative féodale et nobiliaire.

La filiation de la famille Juchault se trouve établie, d'une façon exacte et complète, d'après ses archives domestiques et les preuves de noblesse qu'elle a faites, en 1787, devant Louis-Nicolas-Hyacinthe Chérin, généalogiste des ordres du Roi, à partir de René Juchault, dont l'article suit.

FILIATION

I. *René* JUCHAULT, notaire royal et procureur en la Chambre des Comptes de Bretagne[1], épousa *Olive* RICHARD. Ils ne vivaient plus le 14 oct. 1598, date à laquelle leur succession fut partagée entre les enfants qu'ils avaient eu de leur mariage[2] et qui furent :

1° *Michel*, dont l'article suit;
2° *Jeanne* J., épouse de *Michel* LANDREAU en 1598;
3° *Elisabeth* J., bapt. à Nantes, par. Saint-Denis, le 20 août 1548;
4° *Alain* J., bapt. même par., le 28 mai 1552;
5° *Marie* J., bapt. même par., le 22 janv. 1560; elle était l'épouse de *Laurent* ROUXEAU, sieur de Beausoleil, en 1598;
6° *Isabeau* J., qui épousa 1° maître *Nicolas* MUSSEAU, dont elle eut : Michel M., mineur en 1598; 2° *Pierre* RENOUL, notaire royal, dont : Marie R., mineure en 1598.

II. *Michel* JUCHAULT, écuyer, sgr des Blottereaux[3],

---

1. *René* JUCHAULT avait un frère : *Pierre* JUCHAULT, marié à *Guillemette* N... dont : 1° *Marie* J., bapt. à Nantes, par. Saint-Denis, le 5 juin 1551; 2° *Armagille* J., bapt. même par., le 31 mai 1552.

2. *Arch. de la Vignette.* Parchemin original.

3. LES BLOTTEREAUX, fief-sgrie en la par. de Doulon, évêché de Nantes, affranchi, en 1453, par le duc de Bretagne, en faveur de Pierre Raboceau, son secrétaire, et comprenant le Blottereau et le Petit Blottereau, *aliàs* le Gué-Robert. En furent srs : Pierre de Montigné, 1505. Jean du Ponceau, 1560. Michel Juchault et ses descendants, fin du XVIe siècle. François Le Breton, 1656, 1672. De Seigne, 1775. Siochan de Kersabiec, 1800. Law de Lauriston, 1824. Dobrée, 1830. (E. de Cornulier, ouvrage déjà cité.)

de la Salmonière [1], de la Bourderie [2], par. de Haute-Goulaine, du Perron et de la Grande-Pièce, auditeur en la Chambre des Comptes de Bretagne, naquit à Nantes, en 1544. Il fut d'abord pourvu, par lettres de provisions du 29 déc. 1574, données par le Roi à Avignon, de l'office de cons[r] du Roi, contrôleur alternatif des aides, tailles, taillon et équivalent en l'élection de Loudun, généralité de Tours. (*Arch. de la Vignette.* Parchemin original.)

Le 5 oct. 1574, le duc de Montpensier lui avait délivré à Jazeneuil (com. de la Vienne, cant. de Lusignan, arr. de Poitiers), le passeport suivant, pour se rendre à Nantes :

« Le duc de Montpensier, pair de France, lieutenant
« general pour le Roi en son armée de Poictou.

« A tous lieutenans generaulx, gouverneurs, bail-
« lifz, seneschaulx, juges, prevostz et leurs lieutenans,
« maires, consulz, eschevins de villes, cappitaines et
« gardes des portes d'icelles, pontz, portz et passai-
« ges, et autres qu'il appartiendra, salut. Nous vous
« mandons et enjoignons tresexpressement que vous
« ayez à laisser seurement et librement passer,
« chacun par voz pouvoirs, juridictions et destroictz,
« Michel Juchault, sieur de la Salmoniere, qui s'en va
« à Nantes, et sans luy donner auchung empesche-
« ment à ses gens, chevaulx ny armes. Donné au

---

1. Le 15 déc. 1563, devant Alain et Michel, notaires royaux à Nantes, noble et puissant Claude Laurens, sgr de la Grillouère en Anjou, et de la Salmonière, et damoiselle Jeanne de Pontlevoy, sa femme, vendirent à noble Jehan de la Presle, écuyer, demeurant à la Fosse, par. Saint-Nicolas de Nantes, les lieu, terre et sgrie de la Salmonière, par. de Vertou. (Arch. de la Loire-Inférieure. E. 387.)

1698. Philippe de la Presle, sgr de la Salmonière, par. de Vertou. (E. de Cornulier.)

2. La Bourderie appartenait, en 1680, à Michel Langlois.

« camp devant Jazeneul, le cinquiesme d'octobre l'an
« mil cinq cens soixante quartorze.

« (*Signé*) Loys de Bourbon.
« (*Contresigné*) Coustureau. »

(*Ibidem*. Papier original, scellé aux armes de Bourbon-Montpensier.)

Par lettres de provisions du 22 août 1581, données par le Roi à Paris, Michel Juchault fut investi de l'office de cons^r du Roi, correcteur ordinaire en la Chambre des Comptes de Bretagne où il fut reçu le 21 mars 1583. *(Ibidem*. Parchemins originaux.)

Antérieurement, il avait été fait prisonnier et enfermé au château de Nantes par le duc de Mercœur[1], chef de la Ligue en Bretagne, pour avoir suivi le parti du Roi, et dut payer pour sa rançon la somme de mille écus, suivant un compte du 25 avril 1581. *(Ibidem.)*

Le 2 sept. 1581, le duc de Montmorency lui délivra le passeport suivant, à Pézénas en Languedoc :

« Le duc de Montmorancy, pair et mareschal de
« France, gouverneur et lieutenant general pour le
« Roy en Languedoc.

« A tous gouverneurs, cappitaines, chefs et conduc-
« teurs de gens de guerre, tant de cheval que de
« pied, consulz des villes et lieux et tous autres qu'il
« appartiendra, salut. Nous vous mandons et enjoi-
« gnons, et à ceulx sur qui nostre pouvoir ne s'estend
« prions et requerons laisser librement et sûrement
« passer, repasser et sejourner, par voz pouvoirs, à
« sieur Juchault, pourteur de presente, secretaire de

---

[1]. Philippe-Emmanuel de Lorraine, duc de Mercœur et de Penthièvre, prince du Saint-Empire et de Martigues, gouverneur de Bretagne.

« monsieur le duc de Montpensier, sans luy donner
« ny à son serviteur, chevaulx, armes et ardes, aucun
« arrest, destourbier ou empeschement, ains [1] toute
« ayde, faveur et escorte, l'ayant prins et mis, prenons
« et mettons, par ces presentes, en la protection et
« sauvegarde du Roy et nostre. Donné à Pezenas, le
« 11ᵉ jour de septembre Mvᶜ IIII^{xx} et ung.

« *(Signé)* MONTMORANCY.
« Par mondict seigneur
« MARION. »

(On lit au dos de cet acte :) « Passeport de Monsei-
« gneur le duc de Montmorancy, bailli de Pezenas,
« le 11ᵉ septembre 1581. »

(Arch. de la Vignette. Papier original, scellé aux armes de Montmorency.)

Le 31 déc. 1581, Michel Juchault reçut quittance de la somme de 1333 écus un tiers qu'il avait payée pour l'acquisition de son office de correcteur en la Chambre des Comptes de Bretagne.

Par lettres de provisions, données au château de Champigny, le 25 févr. 1582, il fut nommé secrétaire du duc de Montpensier et du fils de ce dernier, le prince de Dombes. *(Ibidem.* Parchemin original, signé Loys et scellé aux armes de Bourbon-Montpensier.)

Par procuration du 4 mai 1582, le même duc le chargea de recevoir les deniers qui lui étaient dûs au comté de Mortain. *(Ibidem.)*

Le 18 janv. 1591, Claude-Catherine de Clermont, duchesse de Retz, fille de Claude de Clermont, sgr de Dampierre, veuve en premières noces de Jean d'Annebaud, baron de Retz, et femme d'Albert de Gondy,

---

1. Mais.

duc de Retz, marquis de Belle-Isle, pair et maréchal de France, délivra à Michel Juchault le certificat suivant qui atteste qu'il avait été emprisonné à Nantes pour le service du Roi :

« Nous Claude-Catherine de Clermont, duchesse de
« Raiz, certiffions au Roy, messieurs de son conseil et
« tous autres qu'il appartiendra que maistre Michel
« Juchault, son conseiller et correcteur de ses Comptes
« en Bretagne, a demeuré près nostre personne depuis
« quinze moys en ça qu'il est sorty des prisons des
« ennemys de Sa Majesté en la ville de Nantes, de
« laquelle il est natif et y est encores de present,
» poursuivant une affaire de grande importance à
« Sadicte Majesté, vers laquelle il s'est montré
« tresaffectionné serviteur, subject et officier, autant
« que personne que nous ayons cogneu de ladicte
« ville, comme nous en assurrons plus particuliere-
« ment icelle, Dieu nous en faisant la grace. En
« tesmoing de quoy, nous avons signé le present cer-
« tiffical et à icelluy faict apposer le cachet de noz
« armes. A Machecoul, ce 18e jour de janvier mil cinq
« cens quatre vingt unze.
« *Je certifie que ledit sieur Juchault est demeuré*
« *en ce lieu pour afferes qui sont grandement impor-*
« *tantes pour le service du roi* [1].

« *(Signé)* Catherine DE CLERMONT. »

(Arch. de la Vignette. Papier original scellé.)

Michel Juchault fut nommé auditeur en la Chambre des Comptes de Bretagne par lettres de provisions données par le Roi à Paris, le 4 oct. 1595. *(Ibidem.* Parch. original.)

---

1. Ces dernières lignes en italique sont autographes.

Il fut fait échevin de Nantes par lettres de provisions données par le Roi, le 4 juin 1601.

En 1601 et 1602, il fut député aux États de Bretagne, tenus à Quimper et à Saint-Brieuc ; sous-maire de Nantes en 1604.

En 1607, il produisit « l'Estat qui lui estoit deu
« (1500 livres) par madame la duchesse de Mercœur
« pour les non jouissances par luy faictes du revenu
« de la quarte partie qui luy apartenoit en la prée de
« Biesse, près Nantes, et ce durant les trefves et
« cessation d'armes, à cause de la derniere guerre.
(Arch. de la Loire-Inférieure. E. 253.)

Le 2 nov. 1609, une chapelle lui fut concédée en l'église Saint-Vincent de Nantes *(Arch. de la Vignette.)*

Le 29 déc. 1612, il reçut quittance du droit de *paulette*, que les officiers de judicature et de finance payaient aux Parties Casuelles du Roi au commencement de l'année, afin de conserver leur charge à leur veuve et à leurs héritiers, sans quoi elle était vacante au profit du Roi, en cas de mort. Les charges héréditaires n'étaient pas sujettes à ce droit. Ce vieux mot de *paulette* vient, croit-on, de Charles Paulet, secrétaire de la Chambre du Roi et qui fut l'inventeur et le premier fermier de ce droit, établi par un édit de 1604.

Le 10 mai 1614, Michel Juchault résigna son office d'auditeur en la Chambre des Comptes de Bretagne en faveur de Claude Juchault, son troisième fils, et il fut nommé cons^r auditeur honoraire de la même Chambre, le 28 août suivant, « en consideration de son vieil âge
« (70 ans) et de ses trente-deux années de services en
« qualité de cons^r, correcteur et auditeur des Comp-
« tes. » *(Ibidem.* Parchemins originaux.)

Le 27 févr. 1616, il fut fait cons^r au siège présidial de

Nantes par lettres de provisions données par le Roi à Tours. *(Ibid.)*

Il fut inhumé le 1ᵉʳ févr. 1634, à l'âge de quatre-vingt-dix ans, dans l'église Saint-Vincent de Nantes, où il avait sa chapelle et son enfeu.

Il avait épousé, par contrat du 16 déc. 1585, passé devant Blouin, *Marguerite* LE SERFF [1], fille de noble homme François Le Serff et de Marie Morin, et eut de ce mariage neuf enfants, savoir :

1º *Marie* J., épouse de *René* FERRON, sʳ de la Villeaudon, et inh. à Nantes, par. Saint-Vincent, le 28 janv. 1639;

2º *Catherine* J., bapt. à Nantes, par. Saint-Denis, le 13 déc. 1586;

3º *Christophe*, auteur de la branche aînée et dont l'article suit ;

4º *Claude* J., fille, bapt. même par., le 10 janv. 1589;

5º *Renée* J., bapt. à Nantes, par. Saint-Vincent, le 8 avril 1590;

6º *Julien* J., écuyer, sgr de la Ménarderie, consʳ du Roi et son procureur général aux eaux et forêts de Bretagne en 1624, demeurait à cette date en la par. Sainte-Radegonde, à Nantes; il fut inh. par. Saint-Vincent, le 12 nov. 1652 ; il avait épousé *Claude* SIMON, dont quatre enfants, entre autres : *Renaud, Julien* et *Marguerite* J. ;

7º *Claude*, auteur de la branche cadette, dont la filiation commence à la page 22.

8º *Marie* J., bapt. même par., le 4 nov. 1599, inh. à Nantes, par. Notre-Dame, le 28 nov. 1625 ; elle épousa par contrat du 8 mai 1616, passé devant Guyhard et Jouneaux et, en l'église Saint-Vincent de Nantes, le 21 juin suivant, *Pierre* DAVID (du BOIS-DAVID), sgr du Chêne-

---

1. Marguerite Le Serff, dont le nom est quelquefois écrit le Cerf, avait épousé, en premières noces, Jean Pélerin, dont : Catherine P., veuve, le 11 juin 1603, d'Aymé Adam, consʳ secrétaire et auditeur en la Chambre des Comptes de Bretagne, dont : François Adam, mêmes qualités et vivant à cette date.

Moreau et de la Botardière, cons^r et maître ordinaire en la Chambre des Comptes de Bretagne.

9° *Marguerite* J., inh en. la même par., le 5 avril 1607.

BRANCHE AINÉE

III. *Christophe* JUCHAULT, 1er du nom, fils aîné de Michel Juchault qui précède et de Marguerite Le Serff, maire de Nantes en 1642 et 1643, président en la Chambre des Comptes de Bretagne, sgr du Blottereau, du Gué-Robert en Doulon, de la Jarrie en la Chapelle-Basse-Mer et de la Grande-Noë, fut d'abord nommé lieutenant civil et criminel au siège présidial et prévôté de Nantes, par lettres de provisions du 18 déc. 1622, données par le Roi, à Lyon. (*Arch. de la Vignette.*)

Le 17 juil. 1628, devant Desmortiers et Demons, notaires royaux à Nantes, il partagea, avec ses frères et sœurs, la succession de leur mère; ils se partagèrent celle de leur père sous seing privé, le 23 mars 1634. (*Ibidem.*)

Christophe Juchault[1] fut fait président en la Chambre des Comptes de Bretagne par lettres de provisions du 15 juin 1635, données par le Roi, à Paris. Il fut le 46e maire de Nantes en 1642 et 1643, et obtint des lettres d'honneur de président en lad. Chambre, le 26 mars 1643 (*sic*). Il fut fait consr d'État privé et des finances, par lettres du 2 févr. 1644. (*Ibidem.*)

En 1643, il avait été député de la ville de Nantes aux États de Bretagne, tenus à Vannes. Ce fut chez

---

[1]. Il existe au Musée archéologique de Nantes un portrait de Christophe Juchault et une copie récente de ce portrait se trouve au château de la Vignette.

lui, au logis de la Papotière, que descendit, le 11 août 1644, en passant par Nantes, Henriette de France, fille d'Henri IV et femme de Charles Ier, roi d'Angleterre. Christophe Juchault était allé à Oudon, deux ans auparavant (20 oct. 1642), souhaiter la bienvenue au prince de Condé, père du Grand Condé. (Eugène de la Gournerie. *Notes biographiques sur le général de la Moricière*. Nantes, in-8°, 1865, p. 4.)

Par acte du 31 mai 1651, passé devant Gicquel, notaire royal à Guérande, il acquit de noble Marc Spadine, sgr de Beaulieu, par. de Mesquer (com. de la Loire-Inf., cant. de Guérande), le rôle rentier, fief et juridiction dudit Beaulieu, droits de rachat, lods et ventes, aubaine, déshérence, successions de bâtards, épaves, etc. (*Arch. de la Loire-Inférieure*. E. 1478. Papier original.)

Christophe Juchault mourut peu après cet acte et fut inh. dans l'église des Jacobins de Nantes. (Mellinet. *Commune et milice de Nantes*, t. IV.)

Il avait épousé à Nantes, en l'église Saint-Nicolas, le 11 juil. 1617, *Jeanne* GOULET [1], dont il eut quinze enfants :

- 1° *Marguerite* J., bap. à Nantes, par. Notre-Dame, le 29 août 1618;
- 2° *Michel* J., bapt., même par., le 19 sept. 1619;
- 3° *Jeanne* J., bapt., même par., le 7 oct. 1620;

---

1. L'*Armorial général officiel de France* de 1696 contient les trois enregistrements d'armoiries suivants :

Yves Goullet, avocat : *d'argent, à une tête et col de loup coupée et la gueule ouverte d'azur, accompagnée de trois moutons de gueules, les deux en chef sautans et affrontés et celui de la pointe passant sur une terrasse de sinople*.

Yves Goullet, ancien échevin de la ville de Rennes : *d'or, à 4 boules ou tourteaux de gueules, rangés en bande et accompagnés de deux rustres* (losanges percés en rond) *d'azur, l'un en chef et l'autre en pointe*.

Gabriel Goullet, sénéchal de Redon : *d'azur, à un sautoir dentelé d'argent, chargé d'un autre sautoir de gueules, surchargé de neuf croissants d'argent*. (Bretagne, registre II, pages 411, 447 et 456.)

4° *Jean-Jacques* J., bap., même par., le 27 févr. 1623;

5° *Louise* J., bapt. à Nantes, par. Saint-Vincent, le 14 juil. 1624;

6° *Pierre* J., bapt., même par., le 3 nov. 1625;

7° *Christophe*, qui suit;

8° *François* J., bapt., même par., le 21 août 1628.

9° *Françoise* J., bapt., même par., le 9 juil. 1630, inh. ibidem, le 7 juin 1725, et qui fut unie dans la même par., le 11 juin 1645, à René de SESMAISONS, chlr, sgr de Tréambert et de Villeneufve, fils de François de Sesmaisons, écuyer, sgr de Tréambert, de Trévaly, de la Ville-au-Chapt, de Villeneufve et de Keruet, et de Renée de Kermeno, fille de Prégent de Kermeno, sgr de Keralio, de Quifistre, de l'Auvergnac, de la Hautière, de Bodeuc, etc., et de Jeanne Charette de la Chevaleraye. (De Courcelles. *Histoire des pairs de France*, tome III, article de Sesmaisons, page 8, et Lainé. *Archives de la Noblesse*, tome I, même article, page 11.)

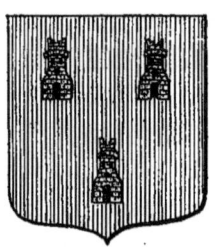

DE SESMAISONS : *de gueules, à trois tours de maison d'or*.

Étant veuve de René de Sesmaisons, le 4 sept. 1679, Françoise Juchault rendit aveu et dénombrement au Roi de l'hôtel de la Papotière, sis en la par. Saint-Vincent de Nantes, rue de Briort, et qui s'appelait autrefois de Châteaubriant. *(Archives Nationales.* P. 1657, f° 359.)

Étant veuve également de René de Sesmaisons, Françoise Juchault fit enregistrer les armes de sa famille dans l'*Armorial officiel de France* de 1696. (Bretagne II, page 180.)

De son alliance avec René de Sesmaisons elle n'eut qu'une fille :

Renée de Sesmaisons, dame de Tréambert, qui épousa, le 22 août 1677, Jean-Baptiste de Becdelièvre, II° du nom, chlr, sgr de la Bunelaye, premier président en la Chambre des Comptes de Bretagne, mort en 1736, à l'âge de 85 ans. (De Courcelles. *Histoire des Pairs de France*, tome V, article de Becdelièvre, page 16.)

Renée de Sesmaisons, en 1680, peu après son mariage avec le président de la Bunelaye, petit fils du président d'Harrouis, lequel était cousin germain de Madame de Sévigné, fit les honneurs de la ville de Nantes à la célèbre marquise [1], ainsi qu'il résulte de la lettre suivante de Madame de Sévigné à Madame de Grignan, sa fille, datée de Nantes, lundi au soir 27e mai (1680).

. . . .

. . . .

« Il faut que je vous conte ce que c'est que ce premier
« président; vous croyez que c'est une barbe sale et un
« vieux fleuve comme votre Ragusse [2]; point du tout :
« c'est un jeune homme de vingt-sept ans, neveu de
« M. d'Harouys; un petit de la Bunelaye fort joli, qui
« a été élevé avec le petit de la Silleraye [3], que j'ai vu
« mille fois sans jamais imaginer que ce pût être un
« magistrat; cependant il l'est devenu par son crédit,
« et, moyennant quarante mille francs, il a acheté toute
« l'expérience nécessaire pour être à la tête d'une
« compagnie souveraine, qui est la Chambre des Comptes
« de Nantes; il a de plus épousé une fille que je connois
« fort, que j'ai vue cinq semaines tous les jours aux
« États de Vitré; de sorte que ce premier président et
« cette première présidente sont pour moi un jeune
« petit garçon que je ne puis respecter et une jeune
« petite demoiselle que je ne puis honorer. Ils sont
« revenus pour me voir de la campagne où ils étoient;
« ils ne me quittent point. » (Édition Hachette, t. VI, p. 423 et 424.)

10° *Jean* JUCHAULT [4], bapt. à Nantes, par. Saint-Vincent, le 20 oct. 1631;

11° *Claude* J., bapt., même par., le 4 sept. 1633;

12° *Louise* J., bapt., même par., le 1er avril 1635;

---

1. Nous devons ce détail à la brochure de M. Eugène de la Gournerie, citée plus haut.
2. Membre du parlement d'Aix.
3. Fils de Monsieur d'Harrouis.
4. Dixième enfant de Christophe Juchault, 1er du nom, et de Jeanne Goulet. (Voir page 16.)

13° *Suzanne* J., bapt., même par., le 5 juin 1636, inh. ibidem, le 22 juin 1636;

14° *Michel* J., bapt., même par., le 16 mars 1639;

15° *Madeleine* J., bapt., même par., le 4 avril 1642.

IV. *Christophe* JUCHAULT, II° du nom, sgr des Blottereaux et de la Grande-Noë, bapt. à Nantes, par. Saint-Vincent, le 10 déc. 1626, épousa 1° *Gabrielle* DE VAUFERRIER, fille de Jean de Vauferrier, sgr de la Basse-Ardaine, et de Françoise de la Maye; 2° *Madeleine* du COUËDIC.

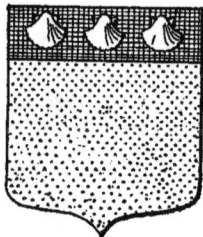

DE VAUFERRIER : *d'or, au chef de sable, chargé de trois coquilles d'argent.*

DU COUËDIC : *d'argent, à la branche de châtaignier de sinople, chargée de trois feuilles d'azur.*

Du premier mariage vinrent :

1° *Marie-Madeleine* J, inh. à Nantes, par. Notre-Dame, le 12 janv. 1711;

2° *Louis-Claude* J., écuyer, sgr des Blottereaux, fut maintenu dans sa noblesse par arrêt de la Chambre de la Réformation de Bretagne du 7 sept. 1669, avec François-Luc et Christophe Juchault, ses frère et cousin, et fit enregistrer les armoiries de sa famille dans l'*Armorial officiel de France* de 1696. (Bretagne, reg. I, p. 173.) Il fut inh. à Nantes, en la par. Saint-Vincent, le 14 déc. 1713, après avoir été marié à Doulon, le 9 janv. 1678, avec *Françoise* de BOIS-ROBERT, dont il n'eut pas d'enfants.

3° *François-Luc* J., prêtre, fut également maintenu dans sa noblesse, le 7 sept. 1669, avec Louis-Claude et Christophe J., ses frère et cousin. Il fit pareillement enregistrer les armoiries de sa famille dans l'*Armorial* de 1696, où il est inscrit avec les qualités de prêtre et recteur de la paroisse de Sainte-Pazanne. (Bretagne, II, p. 144.)

Christophe Juchault avait eu de son second mariage, avec Madeleine du Couëdic :

4° *Louis-Claude*, qui suit.

V. *Louis-Claude* JUCHAULT, écuyer, sgr des Blottereaux, fut inh. à Nantes, par. Saint-Vincent, le 1ᵉʳ janv. 1745. Il s'était allié, dans la même ville, par. Sainte-Croix, le 7 avril 1701, à demoiselle *Anne* FOURNIER, fille de Henri-Eugène-Calliope Fournier, écuyer, sgr de la Pinsonnière, et de Marie Belot, lesquels avaient été mariés à Nantes, par. Saint-Denis, le 1ᵉʳ déc. 1669, et sœur de Gilles et d'Henry Fournier, écuyers, sgrs de la Galmelière et de Beaumont. *(Arch. de la Loire-Inf.,* E. 931.)

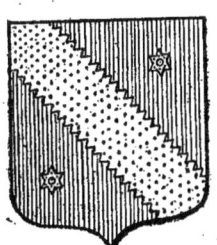

FOURNIER DE LA PINSONNIÈRE : *de gueules, à la bande dentelée d'or, accostée de deux molettes de même.*

De ce mariage vinrent huit enfants :

1° *Marie-Anne* J., bapt. à Doulon, le 17 sept. 1702 ;

2° *Françoise* J., bapt., même par., le 21 mai 1703 ;

3° *Ursule* J., bapt. *ibidem*, le 18 août 1704, inh. à Chauvé, le 18 sept. 1765 ;

4° *Louise-Françoise* J., bapt. à Doulon, le 2 mars 1706, inh. à Nantes, par. Saint-Vincent, le 10 avril 1773, mariée 1° à Doulon, le 11 juin 1720, à *François* ROBERT, sgr du Moulin-Henriet ; 2° à *N...* SAVARY du Fief-Lambert ;

5° *Madeleine-Prudence* J., née le 4 oct. 1707, bapt. *ibidem*, le 30 sept. 1714, mariée *ibid.*, à *Charles* THÉVENIN, sgr de la Roche, veuf de Marie Jolly, dont : Marie-Madeleine T., épouse de N... Gigou de Saint-Simon.

6° *Françoise-Claude* J., née le 11 juil. 1709, bapt. à Doulon, le 15 juil. 1714, inh. à Nantes, par. Saint-Désiré, le 16 août 1740 ;

7° *Louis-René* J., bapt. à Nantes, par. Notre-Dame, le 27 août 1712;

8° Louis-Christophe, qui suit.

VI. *Louis-Christophe* JUCHAULT, écuyer, sgr des Blottereaux, par. de Doulon, et de l'Épinay, par. du Bignon, bapt. à Nantes, par. Notre-Dame, le 12 juil. 1713, inh., par. Saint-Vincent, le 11 déc. 1761, marié, par. Sainte-Croix, le 21 juil. 1738, avec *Marie-Anne* GLÉMEAU, inh., par. Saint-Vincent, le 30 oct. 1765, fille de Jean Glémeau et d'Anne Bouteiller, — dont quatre filles :

1° *Marie-Anne* J., bapt. à Doulon, le 21 sept. 1741, mariée à Nantes, par. Notre-Dame, en 1761, avec *Louis-Joseph* DE MÉLIENT, sgr de Lanjouère;

2° *Henriette-Françoise-Louise* J., bapt. à Nantes, par. Saint-Vincent, le 4 mars 1744;

3° *Marie-Louise* J., bapt., même par., le 1ᵉʳ févr. 1745, mariée, par. Saint-Désiré, le 12 nov. 1776, avec *Pierre-Paul-Jacques-Alexis* PERREAU, sgr de Larré, veuf de Madeleine Querré;

4° *Jeanne-Marie-Victoire* J., bapt. à Nantes, par. Notre-Dame, le 1ᵉʳ juin 1751, mariée 1° avec *Louis-Auguste* ROBINEAU DE BOUGON, 2° même par., le 31 août 1779, avec *Antoine-Pierre-Bonaventure* GUY DE MAREIL.

(*Arch. de la Loire-Inf.* E. 931.)

BRANCHE CADETTE

III. *Claude* Juchault, écuyer, sgr du Perron, troisième fils de Michel Juchault et de Marguerite Le Serff (voir page 13), fut fait cons^r du Roi et auditeur ordinaire en la Chambre des Comptes de Bretagne par lettres de provisions données par le Roi, à Paris, le 24 mai 1614, sur la résignation de son père ; le 20 nov. suivant, il fut reçu dans cette charge qu'il vendit, le 2 avril 1646, à son gendre François Le Tourneulx, sieur de Belair. Il reçut des lettres d'honneur d'auditeur des Comptes de Bretagne, à Paris, le 18 juin 1646. La même année, il fut échevin de Nantes. (*Arch. de la Vignette.*)

Le 7 nov. 1635, il avait chargé le peintre Jean Dauphiné de peindre et dorer le grand autel de l'église Saint-Vincent de Nantes, où se trouvaient ses armoiries et celles de Louise Simon, sa compagne. (*Ibidem.*)

Par commission du 1er sept. 1643 il fut nommé l'un des commissaires chargés de l'évaluation des domaines de Bretagne, « *délaissés par le Roi à la Reine pour l'assignat de sa dot et douaire.* » (*Ibid.*)

La Société archéologique de la Loire-Inférieure a publié, au tome 1er de son *Bulletin*, p. 44, un très curieux récit de l'entrée d'Henri II *en la plaisante et forte ville de Nantes*, récit extrait d'un manuscrit de Claude Juchault qui mourut dans sa maison, le 10 févr. 1664 et fut inh. le 12 dans le chœur de l'église Saint-Denis. Les présidents, maîtres et auditeurs de la Chambre des Comptes de Bretagne assistèrent à ses obsèques avec leurs officiers. (*Ibid.*)

Il avait épousé, par contrat du 8 nov. 1624, passé devant Charrier et Remfort, notaires royaux à Nantes, au logis de son frère, noble homme Julien Juchault, s^r de la Mesnardie, cons^r du Roi et son procureur général aux eaux et forêts de Bretagne, sis en la rue du Château, par. Sainte-Radegonde, demoiselle *Louise* SIMON, fille de nobles gens Mathieu Simon et Guyonne Boullemer. (*Ibid.*)

Il eut de cette alliance :

1° *Christophe*, qui suit ;
2° *Claude* J., fille ;
3° *Anne* J., religieuse aux Ursulines de Châteaubriant ;
4° *Marie* J., qui fut la femme de *François* LE TOURNEULX, sgr de Belair, auditeur en la Chambre des Comptes de Bretagne en 1646, fils de Gilles Le Tourneulx et de Françoise Boucaud. (*Généalogie de Cornulier*, volume de 1863, p. 131.)

IV. *Christophe* JUCHAULT, 1er du nom de sa branche, écuyer, sgr de Lorme, né avant 1630, acquit, le 8 oct. 1655, devant Berthelot, notaire royal à Nantes, pour la somme de 75,000 livres, de maître François Guischard, sgr de Martigné, l'office de cons^r du Roi, maître ordinaire en la Chambre des Comptes de Bretagne, dont il fut investi par lettres de provisions du 9 janv. 1656 ; il y fut reçu le 31 janv. 1656, et obtint des lettres d'honneur le 26 mars 1676. Le 10 févr. 1676, il avait vendu son office à Madame Jeanne des Mesliers, veuve d'Alexandre Simon, écuyer, sgr de la Chambre, et qui l'acheta pour son fils, Alexandre Simon, écuyer, sgr de la Chambre.

Le 7 sept. 1669, tant en son nom qu'en celui

et comme tuteur de ses cousins, Louis-Claude et François-Luc Juchault, enfants mineurs de Christophe Juchault, sieur des Blottereaux, et de Gabrielle de Vauferrier, sur le rapport de Monsieur de Bréhan, Christophe Juchault fut maintenu dans sa noblesse par arrêt de la Chambre de la Réformation de Bretagne, rendu sur la représentation de ses titres remontant à Michel Juchault, sieur de la Salmonière, son aïeul, nommé correcteur en la Chambre des Comptes de Bretagne en 1581. (Original en parchemin, signé Malescot et analysé dans le vol. 112, cote 2330 de la Collection Chérin.)

D'YRODOÜER : *d'argent, à la bande de gueules, chargée de trois macles d'argent.*

Il s'était allié, par contrat du 19 janv. 1664, passé devant Lemerle et Charrier, notaires royaux, à demoiselle *Renée* D'YRODOÜER, fille de feu Yves d'Yrodoüer, écuyer, avocat en Parlement, sgr de Pouillé et de la Papinière, et de dame Jeanne Simon, dame de Créviac. La future reçut en dot de sa mère la jouissance de la métairie du Fay, en la par. de Marsac. C'est aussi par ce mariage que les terres de Pouillé et de la Papinière sont entrées dans la famille Juchault.

En 1679, Renée d'Yrodoüer fonda, avec son mari, une messe par semaine, en la chapelle de Créviac en Nozay, pour répondre aux dernières volontés de ses père et mère, et fit don pour ce au chapelain de lad. chapelle de onze livres de rente, d'une maison, d'un jardin, d'un pré et d'une pièce de terre, sis au bourg de Nozay. (*Archives de la Loire-Inférieure.* G. 530. Marquis Régis de l'Estourbeillon. *La Noblesse de Bretagne*, Nantes, 1895, t. II, p. 116.)

Christophe Juchault eut de son mariage avec Renée d'Yrodoüer :

1° *Christophe*, qui suit ;

2° *Claude* J., qui épousa, en 1698, *Pierre* DU CASSIA, sgr de la Houssaye, par. de Rezé, évêché de Nantes ;

3° *Louise* J., épouse de *Jean* BIDÉ, sgr de la Provosté, cons' du Roi, correcteur en la Chambre des Comptes de Bretagne en 1694 et président de la même Chambre en 1706. Elle fit enregistrer les armoiries de sa famille dans l'*Armorial officiel de France* de 1696 (Bretagne, reg. 1er, p. 157) et eut de son mariage : Marie Bidé, qui épousa, en 1717, Louis Rousseau, sgr de Saint-Aignan en Bretagne. (*Généalogie de Cornulier*, supplément de 1860, p. 221.)

V. *Christophe* JUCHAULT, II° du nom de sa branche, écuyer, sgr de Lorme, de la Moricière, de Monceaux et du Chaffault, bapt. à Nantes, par. Saint-Denis, le 21 févr. 1665, fit enregistrer les armoiries de sa famille dans l'*Armorial officiel de France* de 1696. (Bretagne, reg. 1er, p. 169.)

Il demeurait, le 19 août 1706, en la ville de Nantes, par. Saint-Denis, rue Basse-du-Château. Par acte passé à cette date, devant Le Breton et Pelletier, notaires royaux de cette ville, il partagea, avec sa sœur Louise, alors mariée comme dessus, la succession de leurs père et mère. Il épousa 1° par contrat du 28 juil. 1699, passé devant Alexandre, notaire à Nantes, demoiselle *Louise* MORIN, fille de messire Jean Morin, chlr, sgr du Tresle, et de Louise Trotereau ; 2° par contrat du 13 févr. 1703, passé devant Alexandre et Le Breton aîné, qui en retint la minute, notaires royaux à Nantes.

MORIN DU TRESLE : *d'argent, à l'arbre de sinople, planté sur une terrasse de même ; au sanglier de sable brochant sur le fût de l'arbre.*

demoiselle *Geneviève-Marquise-Prudence* BOUHIER,

BOUHIER DE LA VERRIE : *d'azur, à trois étoiles d'argent, et une moucheture d'hermine en cœur.*

dame de la Verrie, fille mineure de feus messire Charles-Gabriel Bouhier, chlr, sgr de la Verrie, et de Renée Gabard. La future apporta en dot la sgrie du Chaffault et fut assistée à ce contrat par noble homme Alexandre Guérin, sieur de la Perrière, son curateur aux causes, de messire Charles-Prudent Gabard, chlr, sgr de Monceaux, son oncle maternel, et de messire Jean-Baptiste-Gaston Le Lou, chlr, sgr de la Chapelle-Glain, aussi son oncle maternel par alliance ; les futurs époux se firent une donation réciproque et au survivant de tous leurs biens. (Coll. Chérin, vol. 112, cote 2330.) C'est par suite de cette alliance que les sgries de la Moricière, des Jamonières, du Chaffault, de Monceaux et du Pied-Pain devinrent la propriété de la famille Juchault, comme nous l'expliquons plus amplement aux *Preuves et Notes*, dans les articles que nous avons consacrés à ces sgries.

Geneviève-Marquise-Prudence BOUHIER mourut le 20 nov. 1760, après avoir, étant veuve, par acte sous seing-privé du 10 mars 1740, délaissé aux enfants qu'elle avait eus de son mariage avec Christophe Juchault : Jean-Baptiste-Marie Juchault, écuyer, chlr de Lorme *(sic)*, et Louis-Marie Juchault, écuyer, sieur des Jamonières, les propriété et jouissance tant de ses biens propres que des droits et douaire qui pouvaient lui appartenir sur les biens de son mari, savoir : la jouissance de la terre noble et sgrie de la Moricière, avec toutes ses appartenances ; la jouissance de la terre de Monceaux ; la terre noble du Bois avec la métairie de Siméon ; le tout advenu à ladite veuve par le décès de messire Charles Gabard, son oncle, sgr du Pesle du Chaffault, de la Moricière, des Jamonières et de Monceaux. *(Ibidem.* Original signé des parties.)

Christophe Juchault avait eu de son premier mariage :

1º *Christophe-Prudent*, qui continue la filiation.

Et du second mariage :

2º *Jean-Baptiste-Marie* J., chlr, sgr du Plessis-Grimaud, par. de Saint-Viaud, de Lorme et de Monceaux, qui partagea avec ses frères, le 31 mars 1740, la succession de leurs père et mère. Il fit son testament devant Vrien et Briand, notaires royaux à Nantes, le 5 avril 1782. (*Arch. de la Loire-Inférieure.* E. 931.) Il avait épousé 1º *Jeanne-Marie-Anne* DU BOT, dame de TALHOUËT, fille et unique héritière de messire Jean-Louis du Bot, chlr, sgr du Plessis-Grimaud, de Talhouët, etc., officier au régiment du Roi-Infanterie, retiré du service en 1772; 2º en 1753, *Emilie-Sainte* ROBINEAU DE ROCHEQUAIRIE.

3º *Louis-Marie*, auteur de la branche des Jamonières, rapportée ci-après, page 36.

VI. *Christophe-Prudent* JUCHAULT, chlr, sgr de la Moricière, de Monceaux, des Jamonières, du Chaffault et du Pied-Pain, partagea noblement avec ses frères, par acte sous seing-privé, le 31 mars 1740, et eut la terre noble des Jamonières, la terre noble et sgrie de la Moricière et le fief du Chaffault, avec moulins, droits de rachat et rentes seigneuriales. (Original signé des parties et produit devant Chérin.)

Le 17 sept. 1756, devant Mongin, notaire royal à Nantes, il acquit, pour le prix de 11.200 livres, les métairies de la Charoulière et du Marais-Michaud, sises en la par. de Saint-Philbert-de-Grand-Lieu, de Louis de Durfort, comte de Lorge, lieutenant-général des armées du Roi, menin du Dauphin, et de Marie-Reine-Marguerite Bertault de Marzan, dame de la Dauphine. (*Arch. de la Vignette.*)

Le 17 déc. 1760, il rendit aveu et dénombrement au Roi des sgries de la Moricière, du Pied-Pain, du Chaffault et des Jamonières. (*Arch. de la Vignette.* Papier original. Voir ce document aux *Preuves et Notes*, notices sur ces sgries.)

Il fut député aux États de Bretagne tenus à Nantes, le 1er oct. 1764, sous la présidence du duc de Rohan, prince, comte et baron de Léon, président de l'ordre de la noblesse à cette assemblée. (Louis de la Roque et Édouard de Barthélemy. *Catalogue des gentilshommes de Bretagne*, Paris, in-8°, 1865, p. 23.)

Le 2 janv. 1773, devant Legoüais, notaire royal à Nantes, il acquit, pour la somme de 17,400 livres, la terre du Petit-Troissart, par. de Saint-Philbert-de-Grand-Lieu. (*Arch. de la Vignette.*)

Il avait épousé 1° en 1730, *Marie-Anne-Jacqueline* Bouhier de la Verrie, sa cousine germaine, 2° par contrat du 11 nov. 1735, passé au Plessis-Tison, devant Desboys et Thomas, *Marie-Jeanne-Henriette* de la Tullaye, demoiselle du Plessis-Tison, par. de Saint-Donatien, fille de Salomon-François de la Tullaye, IIe du nom, marquis de Magnanne en Anjou, sgr de Coëtquelfen, du Plessis-Tison, de Coulongé, du Port-Durand et de Belle-Isle, consr du Roi en ses conseils d'État et privé, procureur en la Chambre

E LA TULLAYE : écarlé : aux 1 et 4, d'or, au ion rampant de gueules ; aux 2 et 3, de sable, à trois rocs d'échiquier d'argent à l'antique.

des Comptes de Bretagne, et d'Anne-Thérèse-Henriette de Racapé. (Lainé. *Arch. de la noblesse*, t. XI, article de la Tullaye, p. 17, et *Arch. de la Vignette*.)

Du premier mariage naquit le fils qui suit.

VII. *Christophe-Jacques-Prudent-Gilbert* Juchault, chlr, sgr de la Moricière, de Monceaux, du Chaffault, des Jamonières et du Pied-Pain, d'abord bapt. le 28 avril 1732, dans la chapelle du château de la Proutière, au diocèse de Luçon, reçut le supplément du baptême, le 20 nov. 1734, dans la chapelle des Jamonières.

Il figure parmi les gentilshommes de Bretagne qui se réunirent en 1789 pour protester contre le mode d'élection des députés de la noblesse aux États-Généraux, fixé par l'arrêt du Conseil du 3 janv. 1789 et qu'ils proclamèrent *aussi contraire aux intérêts particuliers de leur province qu'à ceux des Peuples, de la Monarchie, du Roi et de la Noblesse française.* On sait qu'en conséquence de cette délibération, la noblesse de Bretagne refusa d'envoyer des députés aux États-Généraux. Le clergé et le tiers-état seuls de cette province nommèrent leurs représentants. (Rennes, in-4°, 1789, p 5. Bibl. nat. (L^e 23) 37.)

Du Chaffault : *de sinople, au lion d'or, armé, lampassé et couronné de gueules.*

Christophe-Jacques-Prudent-Gilbert Juchault avait épousé, avant 1771, demoiselle *Marie-Françoise-Félicité* DU CHAFFAULT (née en 1746, † aux Jamonières, le 22 sept. 1778, à l'âge de 32 ans, et inh. le lendemain en la chapelle du Chaffault, dans le cimetière de Saint-Philbert-de-Grand-Lieu), fille de Julien-Gabriel du Chaffault, écuyer, sgr de la Sénardière, cons^r au

Parlement de Bretagne, et de Marie-Jeanne Robert de Chaon.

La future apporta en dot la maison et terre du Violain [1] (commune de Grand-Champ, canton de la Chapelle-sur-Erdre, Loire-Inférieure), qu'elle vendit, du consentement de son mari, le 19 mars 1771, devant Jalaber, notaire à Nantes, pour la somme de 30,000 livres, à Amaury-Christophe de Coutances, demeurant en sa terre de Launay. (*Archives de la Loire-Inférieure.* E. 931.)

Christophe-Jacques-Prudent-Gilbert Juchault servait dans les mousquetaires du Roi, lorsqu'éclata la Révolution ; il émigra avec son fils et mourut dans l'armée de Condé, le 2 mars 1792, à Badenweiler, près de Neubourg, empire d'Autriche, diocèse de Bâle (l'acte porte *ditionis Austriacæ, diœcesis Basileensis*), et fut inhumé dans le cimetière de Neubourg. (*Arch. de la Vignette.* Papier original.)

Il avait eu de son alliance avec Marie-Françoise-Félicité du Chaffault :

> 1° *Marie-Rosalie* JUCHAULT DE LA MORICIÈRE, † à Nantes, le 3 mars 1843, et inh. en la chapelle du Chaffault ; elle avait épousé *Claude-Antoine*, comte D'ESCROTS D'ESTRÉE, ancien officier au régiment du Roi-infanterie, chevalier de Saint-Louis, né le 30 avril 1767, † le 8 mars 1845 et inh. en lad. chapelle. De ce mariage vinrent :
>
>> A. Marie-Agathe d'Escrots d'Estrée, née à Nantes, le 23 mars 1804, et qui épousa, le 19 mars 1829, François-Emile, comte de Mauvise de Villars, né en 1790, à Villars, com. de Persac en Poitou, fils de François-Louis de Mauvise, chlr, sgr de Villars, et de Marie-Nicole des Essards, et veuf en premières

---

1. Cette terre appartenait à Guillaume Blanchet, sgr aussi du Plessis-de-Besné, 1594 ; Jean Blanchet, écuyer, 1623 ; Gaspard du Chaffault, 1688. (E. de Cornulier, ouvrage déjà cité.)

noces d'Élisa Juchault des Jamonières, mariée par contrat du 27 août 1822, † le 7 nov. 1827, fille du baron Louis-Marie Juchault des Jamonières et d'Aimée Juchault de la Moricière, cousine germaine de ce dernier;

B. *Victor*-Marie, comte d'Escrots d'Estrée, † à Nantes, le 26 mai 1877, et inh. en la chapelle du Chaffault, avait épousé, le 28 oct. 1839, Henriette Rose-Augustine de Cornulier, née à Nantes, le 17 janv. 1814, † le 22 févr. 1884 et inh. en lad. chapelle, fille de Charlemagne-Alexandre-René-Augustin de Cornulier de la Caraterie, officier au régiment Royal-Comtois, et de Pauline Le Mallier de Chassonville. (Lainé. *Arch. de la noblesse*, t. x, article de Mauvise, p. 13, et t. xi, article de Cornulier, p. 26.)

De ce mariage vinrent : 1° Marie-Antoine-*Octave*, comte d'Escrots d'Estrée, né le 8 sept. 1841, a épousé, le 20 déc. 1875, Marie-*Léonice* de Monnier de Savignac, dont postérité; 2° *Valentine*-Marie d'Escrots d'Estrée, mariée, le 16 janv. 1860, à *Henri*-Victor Marie Le Loup de la Biliais, ancien député de la Loire-Inférieure, dont postérité; et 3° *Léonie*-Marie d'Escrots d'Estrée, mariée, le 29 mai 1868, à Joseph-*Aimé* de Gazeau, dont postérité.

2° Marie-Prudence-*Aimée* Juchault de la Moricière, née le 6 avril 1772 et bapt. le lendemain en l'église de Saint-Philbert-de-Grand-Lieu, † le 29 janv. 1853 et inh. en la chapelle du Chaffault, dans le cimetière dudit Saint-Philbert; elle fut la femme du baron *Louis-Marie* Juchault des Jamonières, fils de Louis-Marie Juchault, écuyer, sgr des Jamonières, et de Rosalie de la Bourdonnaye. (Voir page 37.)

3° *Christophe-Sylvestre-Joachim*, dont l'article suit;

4° Marie-*Henriette*-Félicité Juchault de la Moricière, née le 25 févr. 1776 et bapt. le lendemain en lad. église, † le 13 juil. 1851 et inh. en lad. chapelle. Elle épousa *Louis-Marie* Rousseau, comte de Saint-Aignan, pair de France, chevalier de Saint-Louis, député et préfet de la

Loire-Inférieure, né en 1767, † le 1er avril 1837 et inh. en lad. chapelle. De ce mariage naquit :

 A. Marie-Louise-*Amélie* Rousseau de Saint-Aignan, née le 7 déc. 1809, † le 24 févr. 1862 et inh. en lad. chapelle ; elle avait épousé son cousin germain, Hippolyte Rousselot de Saint-Céran, né le 9 janv. 1807, † le 27 mars 1879 et inh. en lad. chapelle, en juin 1895, dont : 1° Henriette R. de St-C., née en 1834, † le 17 juin 1895, mariée à Sévère des Merliers de Longueville, capitaine de vaisseau ; 2° Louis R. de St-C., époux de Marie Langlois, décédé le 19 déc. 1890 ; 3° Julie R. de St-C., femme du baron Stanislas de la Laurencie.

5° *Julie*-Charlotte, dite Juliette, Juchault de la Moricière, née le 6 sept. 1777, † le 17 avril 1838 et inh. en lad. chapelle ; elle avait épousé Jean-*Antoine* Rousselot de Saint-Céran, né le 4 août 1766, † le 21 nov. 1854 et inh. en lad. chapelle, dont :

 A. *Amicie*-Aimée-Joséphine Rousselot de Saint-Céran, née le 18 avril 1802, † le 22 sept. 1816 et inh. en lad. chapelle.

 B. *Henriette* Rousselot de Saint-Céran, née à Nantes, le 25 mai 1805, † au Port-aux-Meules, com. de Vertou (Loire-Inf.), le 2 mai 1875 et inh. en lad. chapelle du Chaffault, dans le cimetière de Saint-Philbert-de-Grand-Lieu ; elle avait épousé *Charles*, comte de Novion, chef d'escadron d'État-Major, officier de la Légion d'honneur, commandeur de l'ordre du Christ de Portugal, chevalier de l'ordre de Saint-Ferdinand d'Espagne, né le 29 mars 1792, † le 23 avril 1861 et inh. en lad. chapelle ; elle eut de ce mariage : 1° Charles de N..., capitaine de hussards, chevalier de la Légion d'honneur et de l'ordre du Christ de Portugal, né le 4 avril 1827, † le 23 avril 1864 et inh. en lad. chapelle ; 2° *Léonce*-Paul de N..., général de division d'artillerie de réserve (état-major général) et grand officier de la Légion d'honneur ; 3° Alfred de N..., marié à Blanche Hanolet (de Mons).

C. *Hippolyte* Rousselot de Saint-Céran, marié à sa cousine germaine, Amélie Rousseau de Saint-Aignan, dont trois enfants, mentionnés plus haut : 1° Henriette R. de St-C.; 2° Louis R. de St-C.; 3° Julie R. de St-C.

D. *Camille* Rousselot de Saint-Céran, marié à Antonine de Maintenant, dont : Antoine, Marguerite et Charlotte de M.

VIII. Christophe-Sylvestre-Joachim Juchault, chlr, sgr de la Moricière, né en 1775, † à Nantes, le 21 mai 1821, à l'âge de 45 ans, émigra pendant la Révolution avec son père. « Après avoir fait la campagne des « princes, il passa à Jersey et ensuite en Anjou, « où il prit part, avec M. de Bourmont, aux dernières « luttes politiques des provinces de l'Ouest. » (Eugène de la Gournerie. *Notes* déjà citées.)

Le 17 nivôse an XI (6 janv. 1803), il fut rayé de la liste des émigrés et le séquestre qui avait été mis sur ses biens, le 24 prairial an VII (12 juin 1799), fut levé.

ROBINEAU DE BOUGON :
d'azur, semé d'étoiles d'or, à la cotice de même brochante.

Il épousa par contrat du 30 germinal an XIII (19 avril 1805), passé devant Defrondat, notaire à Nantes, *Louise-Sophie-Désirée* ROBINEAU DE BOUGON, † à Nantes, le 9 juil. 1841, et inh. en la chapelle du Chaffault, fille de messire Joseph-François Robineau, chlr, sgr de Bougon, et de Louise-Antoinette-Marie-Michelle de l'Esperonnière, lesquels avaient été mariés le 26 sept. 1770 [1].

Christophe-Sylvestre-Joachim Juchault eut de son mariage :

---

1. Voir mon *Histoire Généalogique de la Maison de l'Esperonnière*. Paris, in-8°, 1889, p. 91.

1º *Léon*-Christophe-Louis, qui suit;

2º Charles-Louis-*Joseph* Juchault de la Moricière, mort de la fièvre jaune en 1838, à bord d'un vaisseau de la flotte française qui bloquait la Vera-Cruz; il assistait à ce blocus comme secrétaire de légation.

IX. *Léon*-Christophe-Louis Juchault de la Moricière, général de division, député de la Sarthe, gouverneur général de l'Algérie, ministre de la guerre, ministre de France en Russie, général en chef de l'armée pontificale, patricien romain, grand-officier de la Légion d'honneur, grand-croix des ordres du Christ et de Pie IX, commandeur de l'ordre de Léopold de Belgique, naquit à Nantes, rue d'Argentré, en l'hôtel de Goulaine, le 5 févr. 1806, et fut bapt. le lendemain dans l'église Saint-Pierre par l'abbé Sylvestre-François du Chaffault, son oncle; il eut pour parrain Louis-Marie-Juchault des Jamonières, son oncle paternel par alliance, et pour marraine Louise-Antoinette-Marie-Michelle de l'Esperonnière de Vritz, sa grand'mère maternelle. La glorieuse carrière du général de la Moricière a été maintes fois retracée : nous nous bornerons en conséquence à cette simple énumération de ses titres et fonctions. Nous donnerons aussi aux *Preuves et Notes* la liste des publications qui lui ont été consacrées.

Il mourut au château de Prouzel (Somme), le 11 sept. 1865, et fut inh. en la chapelle du Chaffault, dans le cimetière de Saint-Philbert-de-Grand-Lieu, où il repose actuellement (1896).

Un magnifique mausolée, exécuté par Moisseron (d'Angers) sur les dessins de Boitte, architecte, et orné de magnifiques statues par Paul Dubois, lui a été élevé par souscription, en 1879, dans la cathédrale Saint-Pierre de Nantes.

Le général de la Moricière avait épousé, le 21 avril 1847, mademoiselle *Marie-Amélie* GAILLARD DE FERRÉ D'AUBERVILLE, fille de Louis-Adolphe Gaillard de Ferré, comte d'Auberville, et de Marie-Paule-Sophie de Montagu-Beaune. De cette alliance naquirent quatre enfants :

GAILLARD DE FERRÉ D'AUBERVILLE : *d'azur, au chevron d'argent, accompagné de trois croix pattées de même, posées deux et une.*

1º *Jeanne*-Marie JUCHAULT DE LA MORICIÈRE, † le 17 févr. 1850 et inh. en la chapelle du Chaffault, à l'âge de deux ans ;

2º Henri-*Michel*-Léon JUCHAULT DE LA MORICIÈRE, † à Paris, le 27 nov. 1857, et inh. en ladite chapelle, à l'âge de deux ans et demi ;

3º *Henriette* JUCHAULT DE LA MORICIÈRE, née le 13 janv. 1850, † à Rome, le 20 déc. 1869, mariée au comte François de Maistre, capitaine d'état-major de l'armée pontificale, chevalier de la Légion d'honneur ;

4º *Isabelle* JUCHAULT DE LA MORICIÈRE, mariée 1º en 1873, à *Aymar*, comte de DAMPIERRE, né en 1844, † en 1876, fils d'Élie, marquis de Dampierre, et d'Henriette-Sophie Barthélemy, — dont un fils : Jacques, marquis de Dampierre ; 2º en 1880, au comte *Henry*-Marie de la CROIX DE CASTRIES, alors officier d'infanterie, actuellement (1896) conseiller général de Maine-et-Loire et chevalier de la Légion d'honneur, né en 1850, fils de Gaspard de la Croix, comte de Castries, et d'Alix de Saint-George de Vérac.

BRANCHE DES JAMONIÈRES

VI. *Louis-Marie* Juchault, Ier du nom, écuyer, sgr des Jamonières, deuxième fils de Christophe Juchault, IIe du nom, écuyer, sgr de Lorme, de la Moricière, de Monceaux, du Chaffault et du Pied-Pain, et de Geneviève-Marquise-Prudence Bouhier de la Verrie, sa seconde femme, naquit à Nantes, par. Saint-Denis, le 7 août 1713. Il fut reçu cadet dans le régiment de Metz le 21 déc. 1732, lieutenant le 20 juil. 1733. Il passa ensuite dans le régiment d'Orléans-infanterie, où il fut fait lieutenant réformé à la suite de ce régiment le 1er déc. 1733, lieutenant en second le 27 févr. 1735, lieutenant de grenadiers le 24 oct. 1735, capitaine le 10 juin 1743, capitaine de grenadiers le 30 déc. 1757. Il avait été reçu chevalier de Saint-Louis le 31 juil. 1747. (*Arch. de la Vignette.* Parchemins et papiers originaux.)

Par acte sous seing-privé du 31 mars 1740, il partagea avec ses frères la succession de leurs père et mère et reçut la terre noble du Bois, la métairie de Siméon, ainsi que les maisons nobles de la Papinière et du Prébilé. (Original signé des parties. *Coll. Chérin;* vol. 112, cote 2330.)

Il fut député de la noblesse avec Christophe-Prudent Juchault, son frère, aux États de Bretagne, tenus à Nantes, en 1764, sous la présidence du duc de Rohan. (Voir p. 28.)

Il mourut à Nantes, le 24 juil. 1772, en sa demeure de la place Saint-Pierre, par. Saint-Laurent, et fut inh. le lendemain. (*Arch. de la Loire-Inférieure.* E. 931.)

Après avoir pris sa retraite, il avait épousé par contrat du 1ᵉʳ juin 1767, passé devant Richelot et Sohier, notaires royaux à Rennes, et le 4 juin, en l'église Saint-Sauveur de cette ville, demoiselle *Rosalie* DE LA BOURDONNAYE DE LIRÉ, née et bapt. au Cellier, en même temps que sa sœur jumelle Nathalie, le 23 mars 1740, fille de haut et puissant sgr François-Marie de la Bourdonnaye, chlr, sgr et marquis de Liré, et de haute et puissante dame Madeleine Nicolas de Claye, marquise de Liré.

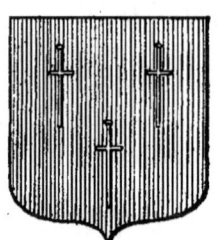

DE LA BOURDONNAYE : *de gueules, à trois bourdons de pèlerin d'argent, posés en pal, deux et un.*

Rosalie de la Bourdonnaye mourut à Rennes, le 16 mars 1786, après avoir épousé en secondes noces, le 9 nov. 1778, haut et puissant sgr messire François-Alexis de Maillé-Brézé, comte de Roujoux, sgr de Fresne, colonel au régiment de Béarn-infanterie, puis chambellan de l'électeur de Cologne. (*Coll. Chérin,* vol. déjà cité.)

Louis-Marie Juchault avait eu de son mariage avec Rosalie de la Bourdonnaye deux fils :

1º *Louis*-Marie, qui suit.

2º *Gabriel-Charles* J. des Jamonières, né en 1771.

VII. *Louis-Marie* JUCHAULT, IIᵉ du nom, baron des Jamonières, né à Nantes, le 23 oct. 1769 et bapt. le lendemain en l'église paroissiale Saint-Laurent de cette ville, fut nommé président de l'assemblée électorale du cant. de Saint-Philbert-de-Grand-Lieu par décret impérial du 19 juin 1813 ; maire de cette commune par arrêté préfectoral du 1ᵉʳ juil. 1814 ; président du collège électoral de l'arr. de Nantes, les 20 juil. 1815 et 12 sept. 1816; enfin chef du 1ᵉʳ bataillon de la 7ᵉ légion de la garde nationale de l'arr. de Nantes, le 16 oct. 1817, par le comte d'Artois.

Par lettre du 27 oct. 1817, datée de Nantes, Aimée Juchault, sa femme, fut informée par le colonel chef d'état-major du départ. de la Loire-Inférieure, Hervé de la Bauche, qu'elle avait été désignée pour attacher au drapeau de la légion de la garde nationale de Saint-Philbert-de-Grand-Lieu la cravate donnée par S. A. R. Madame la duchesse d'Angoulême. *(Arch. de la Vignette.* Documents originaux.)

Par lettres patentes du 28 janv. 1826, enregistrées à la Cour Royale de Nantes, le 23 avril 1827, Louis-Marie Juchault fut autorisé à fonder un majorat, avec titre de baron, sur les terre et château de Clermont, en la comm. du Cellier, cant. de Ligné, arrond. d'Ancenis, Loire-Inférieure. *(Ibidem.)*

Louis-Marie Juchault, pendant la Révolution, avait eu le chagrin de voir les biens de sa famille saisis par la Nation, tant du côté de sa mère que de celui de sa femme ; mais, au retour de l'exil, il parvint à reconstituer une partie du patrimoine de ses ancêtres. (Voir aux *Preuves et Notes* la notice sur la sgrie de la Moricière.)

Il mourut le 6 avril 1842 et fut inh. en la chapelle du Chaffault.

Il avait épousé, à Blois, en 1796, sa cousine Marie-Prudence-*Aimée* JUCHAULT DE LA MORICIÈRE, fille de Christophe-Jacques-Prudent Juchault de la Moricière et de Marie-Françoise-Félicité du Chaffault (voir p. 31).

De ce mariage naquirent :

1° *Élisa* Juchault des Jamonières, née à Nantes, le 11 brumaire an V (1ᵉʳ nov. 1796), † le 27 nov. 1827, mariée par contrat du 27 août 1822, passé devant Mᵉ Brard, notaire à Nantes, avec *François-Émile*, comte de Mauvise-Villars, fils de François-Louis de M., chlr, sgr de Villars, et de Marie-Nicole-*Mirèle* (sic) des Essards; elle eut de ce mariage : Élisabeth de M. de V., épouse d'Élie Decazes, dont : Raymond et Élie D.

2° *Antoine*, dit *Antonin*, baron Juchault des Jamonières, né à Nantes, le 14 mai 1798, † dans cette ville, le 9 nov. 1863, et inh. en la chapelle du Chaffault, dans le cimetière de Saint-Philbert-de-Grand-Lieu, fut mis en possession, par brevet du 11 févr. 1843, du majorat fondé par son père sur les terre et château de Clermont. Il épousa Jeanne-Françoise-*Stéphane* d'Abbadie, née en 1805, † le 27 sept. 1832 et inh. en lad. chapelle; il en eut :

    A. Laurence-*Mathilde* J. des J., née le 18 sept. 1829, † le 14 janv. 1854 et inh. en lad. chapelle, mariée avec Léon-*Arthur* Patas d'Illiers, aide de camp du général de la Moricière, chef d'escadron d'état-major, colonel de la garde nationale de Nantes, officier de la Légion d'honneur, né le 21 déc. 1809, † le 18 févr. 1854 et inh. en lad. chapelle. De ce mariage sont nés : 1° Albert P. d'I. ; 2° Laurence P. d'I., mariée avec Georges de Saint-Maur.

    B. *Rémond* Juchault des Jamonières, né le 3 août 1832, inh. en ladite chapelle le 14.

3° *Aimée* Juchault des Jamonières, née à Nantes, le 16 frimaire an VIII (6 déc. 1799), mariée devant Mᵉ Frogier, notaire à Ancenis avec Augustin-Joseph-*Gaston*, marquis de Surineau, chevalier de Saint-Louis et de Saint-Ferdinand d'Espagne, capitaine commandant l'artillerie de la garde royale en garnison à Vincennes, fils d'Augustin-Charles-Marie de S., chevalier de Saint-Louis, et de Marie-Flore-Athénaïs de Coutances, dont : Edmond, marquis de S., marié avec Agathe de Mauvise de Villars, dont : Antoinette et Edmée de S.

4° *Amédée*, qui suit.

5° *Louise*-Joséphine Juchault des Jamonières, née le 1er avril et bapt. le 3 déc. 1807, à Nantes, † le 8 avril 1857 et inh. en lad. chapelle, mariée avec *Louis*-Étienne Thouvenin, général d'artillerie, commandeur de la Légion d'honneur et des Saints Maurice et Lazare, né le 12 nov. 1791, † le 19 avril 1882 et inh. en lad. chapelle, dont : A. Élisa T., mariée avec Adolphe Renouard, capitaine d'infant., mort sur le champ de bataille de Gravelotte en 1870; B. Albert T ; C. Julie T., mariée avec Eugène Jaillard, marquis de la Marronnière, dont : Louise, Gaston, Georges, Louis et Jane J. de la M.; D. Louis T.

VIII. *Amédée* Juchault, baron des Jamonières par la mort de son frère aîné, Antoine, décédé sans héritiers mâles, naquit à Nantes, le 2 pluviôse an XI (21 janv. 1803), et mourut le 29 oct. 1881; il fut inh. en lad. chapelle. Il avait épousé *Augustine-Aimée* de la Borde, née le 12 juin 1811, † le 31 déc. 1878 et inh. en lad. chapelle.

De ce mariage naquirent ;

De la Borde : Écartelé : aux 1 et 4, d'azur, au chevron d'argent, accompagné en pointe d'un lion de même ; aux 2 et 3, d'azur, à trois pommes de pin d'or, 2 et 1 ; au croissant de même, brochant sur les deux quartiers d'en bas, proche la pointe de l'écu.

1° Augustine-*Nelly* J. des J., mariée par contrat du 12 mai 1857 avec Alfred Bascher de Souché, capitaine adjudant-major au 3e dragons, dont Maurice B. de S., mort jeune.

2° A.-*Arthur* J. des J., né le 6 juin 1835, inh. en lad. chapelle le 9 mars 1836.

3° *Arthur*-Antonin, qui suit.

4° *Louise* J. des J., mariée en 1870 avec Jules Pellu du Champ-Renou, dont : Yvonne et Charlotte P. du C.-R.

IX. *Arthur*-Antonin Juchault, baron des Jamonières, né à Nantes, le 22 oct. 1837, a épousé, le 6 sept. 1870, mademoiselle *Anna* Siffait, née à Clisson (Loire-Inférieure), le 17 avril 1846, fille d'Albert-

Oswald Siffait et de Rosalie-Marie-Anne Lorette de la Refoulais.

De cette alliance sont nés :

1° *Léon*-Fernand-Christophe Juchault des Jamonières, né à Nantes, le 17 janv. 1872 ;

2° A.-M.-L. *Susanne* Juchault des Jamonières, née le 17 et inh. en lad. chapelle le 27 janv. 1873;

3° *Marguerite*-Marie-Agathe Juchault des Jamonières, née au Cellier, le 11 nov. 1876 ;

4° Arthur-Eugène-*Benjamin* Juchault des Jamonières, né au Cellier, le 25 oct. 1878;

5° *Susanne*-Lucile Juchault des Jamonières, née à Nantes, le 2 juil. 1880.

PREUVES ET NOTES

PREUVES ET NOTES

7 juin 1859

JUGEMENT DU TRIBUNAL CIVIL DE BEAUPRÉAU,

RELATIF A LA

FAMILLE GAUTRET DE LA MORICIÈRE

(Voir page 5)

A MESSIEURS LES PRÉSIDENTS ET JUGES COMPOSANT LE TRIBUNAL
DE PREMIÈRE INSTANCE DE BEAUPRÉAU.

M. Louis-Léon-Luc Gautret de la Moricière, propriétaire, maire de Montfaucon et membre du conseil d'arrondissement, demeurant à Montfaucon, ayant pour avoué Mᵉ Hervé,

A l'honneur de vous exposer que :

Dans son acte de naissance, fait à Montfaucon, le 24 mai 1813, il a été commis une erreur qu'il désire faire rectifier ;

Que son nom a été écrit *Gautret la Moricière*, tandis qu'il aurait dû être écrit *Gautret de la Moricière* ;

Que ce qui prouve l'erreur, c'est que ce nom est ainsi écrit : 1º dans l'acte de mariage de son aïeul, Louis Gautret de la Moricière, fait à Montfaucon, le 24 octobre 1774 ; 2º dans l'acte de naissance de son père, Louis-Remy Gautret de la Moricière, fait à Montfaucon, le 27 juillet 1775 ; 3º dans l'acte de décès de son père, fait à Angers, le 24 juillet 1858 ; 4º dans deux actes passés devant maître Hervé, notaire à Montfaucon, les dix novembre 1787 et dix-neuf janvier 1790, et dans un procès-verbal d'adjudication passé au district de Cholet, le 29 avril 1791, dans lesquels le nom de son aïeul est écrit : Louis Gautret de la Moricière.

Pourquoi il requiert qu'il vous plaise, Messieurs, vu les actes sus-énoncés, rectifier cette erreur, ordonner que, dans son acte de naissance sus-daté, son nom sera écrit : Gautret de la Moricière et non Gautret la Moricière; que tous les extraits ou copies qui en seront délivrés le seront avec cette rectification, ordonner en même temps que votre jugement sera transcrit sur les registres des actes de naissance de la commune de Montfaucon pour l'année courante et qu'il en sera fait mention en marge de l'acte rectifié, quoi faisant rendrez justice.

A Beaupréau, le dix mai mil huit cent cinquante-neuf.

Signé : HERVÉ.

Nous, président du Tribunal, vu la requête qui précède et les dispositions des articles 855 et 856 du code de procédure civile,

Ordonnons la communication de la requête et les pièces du dossier seront communiquées à M. le Procureur impérial et renvoyer l'affaire à l'audience de mardi prochain, 17 courant, afin qu'après notre rapport, il soit statué par le Tribunal ce que de droit.

A Beaupréau, le 10 mai 1859.

Le Président : Signé : MORIN.

Ne s'oppose au Parquet de Beaupréau.

Le Procureur Impérial,
Signé : DE NEUF BOURG.

JUGEMENT.

Le tribunal, ouï, à l'audience du 17 mai dernier, M. le Président du Tribunal dans son rapport; à l'audience du 31 du même mois, Monsieur le Procureur Impérial dans ses conclusions;

Visant le délibéré prononcé ledit jour ;

Attendu en fait qu'il résulte des pièces produites que jusqu'en 1748, la famille du requérant, déjà honorablement placée dans la bourgeoisie du pays de Montfaucon, n'a été connue et désignée que sous le nom patronymique de *Gautret* ;

Que c'est le 19 juin de ladite année, dans l'acte de naissance de sa fille Rose-Charlotte, que, pour la première fois, son bisaïeul *Pierre Gautret*, avocat, procureur de la baronnie de Montfaucon, a ajouté à son nom le surnom *de la Moricière* ;

Qu'il en a fait de même dans l'acte de décès de son fils Joseph, âgé de six ans, inhumé le 17 août 1754, dans l'église de Saint-Jacques de Monfaucon ;

Qu'il a été inhumé lui-même dans ladite église, le 30 juin 1755, sous les nom et prénoms de *Pierre*-René Gautret de la Moricière ;

Que l'aïeul du requérant, né en 1743, quoique inscrit dans son acte de naissance sous le seul nom de *Gautret*, a constamment pris le surnom *de la Moricière* à partir de 1774 jusqu'en 1791, tant dans les actes de l'état-civil que dans les divers contrats particuliers où il a figuré ; que c'est ainsi qu'il a signé son acte de mariage du 24 octobre 1774, les actes de naissance de tous ses enfants au nombre de dix, en date des 27 juillet 1775, 8 août 1776, 8 septembre 1777, 5 octobre 1778, 8 octobre 1779, 8 octobre 1780, 30 décembre 1781, 7 novembre 1783 et 9 janvier 1786, le contrat de mariage de son frère Jacques Gautret, avocat au Parlement et procureur de la sénéchaussée d'Angers, reçu par MM. Maré et Leduc, notaires en la dite ville, le 23 janvier 1785, et enfin divers actes authentiques de vente, d'acquisition et décharge, sous les dates de 1787, 1790 et 1791 ;

Que si, pendant ce laps de temps, qui s'est écoulé de 1791 à 1814, l'aïeul et le père du requérant n'ont le plus souvent signé que Gautret-Moricière ou Gautret la Moricière, il est certain qu'à partir de cette dernière époque jusqu'à son décès, arrivé en 1858, celui-ci a repris, d'une manière à peu près uniforme, sa signature primitive, conformément du reste à son acte de naissance du 25 juillet 1775 ;

Qu'enfin le requérant lui-même, appelé seulement *Gautret la Moricière* dans son acte de naissance du 24 mai 1813, a constamment signé : *Gautret de la Moricière*, non seulement les actes d'état-civil le concernant, son acte de mariage du 19 juillet 1841 et l'acte de naissance de son fils du 19 juillet 1842, mais encore tous les actes par lui rédigés comme maire ou adjoint de la commune de Montfaucon, depuis plus de dix années, et tous ceux relatifs à ses intérêts particuliers, tels que contrats de vente, d'achats et autres ;

Attendu que l'action du requérant, tendant à faire compléter, dans son acte de naissance, par l'adjonction de la particule *de*, le surnom pris par la branche de la famille *Gautret* dont il est aujourd'hui le représentant, rentre évidemment dans les limites de la compétence du Tribunal ; qu'il ne s'agit pas en effet de la collation d'un titre de noblesse, rentrant dans l'attribution exclusive du Gouvernement, mais de la reconnaissance, à son profit, du droit à la propriété d'un surnom venant d'une terre située dans les environs de Monfaucon, d'une importance modeste et que rien ne démontre avoir été érigée en fief, à quelque époque que ce soit ;

Attendu qu'en admettant qu'avant 1789 on ne peut, sans enfreindre les prohibitions de l'édit d'Amboise du 26 mars 1555 et de l'ordonnance de 1629, ajouter un nom de terre à son nom patronymique qu'après avoir obtenu des lettres de permission, par les dispositions de l'article 2 du décret du 6 fructidor an II, le législateur a voulu, en consacrant même des usurpations, maintenir les additions faites dans le but de distinguer les membres d'une même famille ;

Attendu que le requérant ne donne et ne peut donner avec fondement un autre but au surnom de *de la Moricière* ; qu'il ne peut en effet avoir aucune prétention à la noblesse ;

Attendu qu'au moment de la publication dudit décret de fructidor an II, les ancêtres du requérant avaient, depuis plus de quarante années, la possession de ce surnom d'une manière constante, uniforme et non interrompue ; que, par cette possession, il était devenu, pour cette branche de la famille Gautret, partie intégrante du nom patronymique ;

Attendu que les surnoms réservés par le décret de l'an II sont héréditaires comme les noms patronymiques, forment comme eux le patrimoine le plus précieux de chaque famille, que le père doit transmettre au fils, pur et intact, par une espèce de substitution ;

Attendu que le droit pour les enfants de reprendre les noms et surnoms légalement acquis est tellement absolu, tellement primordial, antérieur et supérieur à la volonté du père, qu'il existe alors même qu'il y a eu non seulement omission involontaire, mais même acte de pleine volonté ;

Attendu que, si le législateur n'a maintenu certains surnoms qu'à la condition qu'ils ne rappeleraient pas des qualifications féodales ou nobiliaires, il est évident qu'on ne peut considérer la particule *de*, placée devant un nom, comme une marque certaine de noblesse ; qu'autrement ce serait tomber dans l'erreur relevée par Ménage, il y a 200 ans, contre ceux, qui, dès cette époque, voulaient, en la prenant, faire croire à des titres qu'ils n'avaient pas ;

Attendu que dès lors la demande du requérant se trouve pleinement justifiée ;

Par ces motifs,

Le Tribunal, jugeant en 1er ressort et reconnaissant qu'il ne s'agit pas de la collation d'un titre de noblesse, se déclare compétent pour apprécier la demande en rectification qui lui est soumise ;

Et reconnaissant en outre qu'au moment de la publication du décret de fructidor an II la famille du requérant avait depuis plus de quarante ans la possession du surnom de *de la Moricière* ; qu'à partir de cette époque il a fait partie intégrante de son nom patronymique et devait par suite être inscrit au même titre dans tous les actes de l'état-civil ultérieurs ;

Ordonne que l'acte de naissance du requérant, reçu à la mairie de Montfaucon, le 24 mai 1813, sera rectifié en ce sens qu'il y sera dénommé : *Gautret de la Moricière* au lieu de *Gautret la Moricière* ;

Dit que le présent jugement sera transcrit en entier sur les registres de l'année dans la commune de Monfaucon ; que mention en sera faite en marge de l'acte réformé et qu'à l'avenir il ne pourra plus être délivré qu'avec la mention de la rectification ordonnée sous les peines de droit.

Ainsi jugé et prononcé à l'audience publique du Tribunal civil de Beaupréau, le 7 juin 1859.

LA MORICIÈRE

Cette ancienne sgrie, située en la par. de Saint-Philbert-de-Grand-Lieu, évêché de Nantes, avait droits de haute, moyenne et basse justice, de tabellionage et par suite de sceau [1]; de banc dans l'église de lad. par., suivant un arrêt du duc de Bretagne du 27 mai 1473 (voir p. 74); d'épaves [2], de pêcherie dans le lac de Grand-Lieu, de fuie *(colombier)*, de déshérence (droit pour le sgr haut-justier de succéder à son sujet décédé sans héritiers), de bâtardise (droit pour le même sgr de succéder à son sujet bâtard, décédé *ab intestat*), de lods et ventes [3], de rentes seigneuria-

les sur les dépendances suivantes : les lieu et maison noble de la Tamiserie; les villages de la Boivelière, de la Crapaudière, de la Gallonière, de la Gravouillerie, de la Moillancherie, du Plessis-Bureau, du Plessis-Pilaton, de la Ponnelerie et de la Revellerie; les métairies de la Gresle, de la Hairiau, du Marais-Michaud et de la Retelandière; l'Escaubu-Villain; la Piletière, *aliàs* la Pillatière.

La sgrie de la Moricière releva d'abord prochement (c'est-à-dire directement, sans l'intermédiaire d'un autre seigneur) et noblement des ducs de Bretagne; elle releva ensuite, aux

---

1. Le sceau plaqué de la cour de la Moricière, dont nous donnons ci-dessus un fac-similé, se trouve au bas d'un aveu des maison noble et métairie de la Tamiserie, mouvantes de la sgrie de la Moricière, rendu, le 6 juil. 1612, par honorable homme Nicolas des Vignes, sieur de lad. Tamiserie, à damoiselle Françoise Padiolleau, dame de la Moricière et des Jamonières, veuve de Jean Gabart, écuyer, sgr des mêmes lieux, et tutrice des enfants d'elle et dudit Jean Gabart. Il représente les armes des Gabard : un croissant, surmonté de deux étoiles, avec cette légende : CEAV DE LA COVRT DE LA MORISSIERE. *(Archives de la Moricière*, nº 54, parchemin original.)

2. On appelait *épaves* les bêtes égarées et généralement toutes choses perdues, qui, après les publications faites dans le temps fixé par les différentes coutumes, étaient adjugées au sgr haut-justicier, n'ayant été réclamées par personne.

3. Droit d'argent dû au sgr sur une vente faite par son vassal.

mêmes titres, des rois de France, après la réunion de la Bretagne à la Couronne par le mariage d'Anne de Bretagne, fille de François II de Bretagne, avec Charles VIII, en 1491.

Elle a appartenu successivement aux familles Gouy, de Sainte-Flayve, de la Noë, du Pouëz, Laurens, du Bec, Gabard, Juchault.

Jean Gouy l'aîné fut sgr de la Moricière de 1381 à 1405.

Jean de Sainte-Flayve, sgr de la Moricière, le 4 juin 1407.

Jean de la Noë, chlr, sgr de la Noë, par. de Saint-Colombin, et de la Moricière, de 1407 à 1423.

Le 2 oct. 1417, il donna ordre à Sylvestre Martinet de payer 60 sous aux abbé et couvent de Villeneuve.

Le 12 juil. 1419, il manda à son receveur de payer certaine somme en argent et en seigle, qu'il devait aux abbé et religieux du même couvent pour les arrérages d'une rente de 20 deniers et deux boisseaux de seigle.

Le 25 juil. 1422, il donna ordre à Guillaume Praton, Jean Ménart, Olivier Bureau et Clément Guibert, de payer aux mêmes abbé et religieux une somme de 18 livres pour certains arrérages d'une rente de 10 livres qu'il devait à ces derniers sur sa terre de la Moricière.

(Bibl. nat. *Trésor généalogique* de dom Villevieille, t. LXIV, f°s 62 et 62 verso. Extraits des archives de l'abbaye de Villeneuve près de Nantes.)

Jean de la Noë testa le 10 juin 1423. Voici une copie en extrait de ce curieux document qui a déjà été publié par le vicomte Oscar de Poli à la page 110 de son excellent *Précis généalogique de la maison de la Noüe* :

« En nom du Pere et du Fils et du Sainct Esperit amen. Je
« Jehan de la Noë, chlr, malade en corps et non en pencée...,
« ordonne mon testament et derraine volunté en la forme et
« maniere qui enseust. Premier : je recommande mon ame à
« mon Dieu, mon Pere, mon creatour, et à la benoiste Vierge
« Marie, sa mere, et à Mgr Sainct Michel et à toute la celes-
« tial court de Paradis, et mon corps à l'ensepulture de
« Saincte Eglise, laquelle je veil et esleis que soit à Nantes, à
« N. D. du Carmel, et vueil et ordonne estre mys bien et
« honnestement, comme bon homme et bon catholicque doibt

« selon son estat... Item, je vieulx et ordonne que ung testa-
« ment que fiz autreffoiz et composa Guille Rondeau, maistre et
« rectour des escoulles de Machecoul,... ait son effect...,
« excepté cela où il estoit dit que j'avoye donné à Jehan de la
« Noë, sieur de Loriardiere, trente livres de rente ; je en
« recuide et annulle vingt cinq livres de rente .. Item, je
« veil et ordonne que la terre de Massaine qui fut baillée à
« Annette, ma fille, en mariage faisant o [1] Breteren de Treal,
« luy soit recompansée sur ma terre, à la election de mon
« heir principal, de là où ledict de Treal ne luy vouldroit
« restituer sadicte terre. Item, je donne à Marie, ma fille,
« femme Guille Desrame, après ma mort, cent livres de rente
« perpetuelle et dous cens escuz d'or, une fois poiez... Item,
« je donne à Briete, ma fille, cent livres de rente perpetuelle
« après ma mort, et dous cens escuz d'or, une fois poiez...
« Item, je veil et ordonne que Jamete, ma sœur, ait ce que
« luy promis, en mariage faisant o Jehan Bocart... Item, je
« donne à Jehan de la Noë, mon filleul, vingt livres monnoie,
« une foiz poiez... Item, pour ce qui est de trante soulz de
« rente qui sont deuz par an sur la terre de la Moriciere à Jehan
« de la Noë, s^r de Loriardière, je vieulx et ordonne qu'ilz ly
« soient poiez ou temps que j'ai levé et tenu cette terre...
« Item, je donne et lesse à ma compaigne, ma famme, touz et
« chascuns mes biens meubles quelxconques... Item, je
« ordonne et esleis mes executeurs de cest mon testament...
« Bertran de Treal, le provincial des Carmes, J. de Trevecar,
« J. de la Tousche et ma compaigne, ma famme... Faict
« et ordonné par nostre court de Nantes et par la court de
« Monsieur l'official dudict lieu, le dixiesme jour du moys de
« juign l'an mil IIIIe vingt et troys, garans, presens, requis et
« appelez maistre André Symon, J. de la Tousche, B. de
« Treal, Guille Desrame, Girart de la Noë, Jehan de la
« Noë, etc. » *(Arch. de la Loire-Inférieure.* H. 223. Fonds
des Carmes. Charte du 7 janv. 1460 dans laquelle est rap-
porté ce testament)

La sgrie de la Moricière passa ensuite à la famille du
Pouëz, par une alliance probablement avec les de la Noë.

---

1. Avec.

I. Bertrand du Pouëz [1], Ier du nom, écuyer, sgr de la Moricière, mourut le 7 févr. 1456 et eut pour fils :

II. Bertrand du Pouëz, IIe du nom, écuyer, sgr de la Moricière, de 1457 à 1473. Le 20 sept. 1457, devant Pierre Bernard, receveur de Nantes, il rendit aveu et dénombrement au duc de Bretagne de la terre de la Moricière. *(Arch. de la Vignette.)* Il eut pour successeur :

III. Bertrand du Pouëz, IIIe du nom, écuyer, sgr de la Moricière, du Branday, *aliàs* du Brandais, de la Noë-Pourceau et de la Marne, de 1522 à 1547, partagea, le 16 mars 1531, avec son beau-frère, messire Gilles Gouy, chlr, sgr du Branday et de la Noë-Pourceau. Il avait épousé Jeanne Gouy, sœur germaine dudit Gilles Gouy ; il en eut :

Marie du Pouëz, fille aînée, qui épousa noble homme maître Guillaume Laurens, sgr de Launay, de 1538 à 1548, cons{r} du Roi et son maître des requêtes en Bretagne.

Le 9 mars 1548, Guillaume Laurens, comme garde naturel de damoiselle Jehanne Laurens, sa fille unique, héritière de feu Bertrand du Pouëz, son aïeul maternel, en son vivant sgr de la Moricière, rendit aveu et dénombrement au Roi, à cause de la comté de Nantes, des terres, rentes et héritages, tombés en rachat par le décès dudit Bertrand du Pouëz, tenus prochement et noblement du Roi et comprenant le lieu et la maison noble de la Moricière, le marais de la Moricière, la la métairie noble dudit lieu de la Moricière, la métairie de la Haye-Oayriau, etc., ainsi que diverses rentes assises sur la Tamiserie, la Crapaudière, la Gallonière, l'Escaubu, la Gravoullerie, la Ponnelerie, etc. *(Arch. de la Vignette.* Parch. original.)

Ladite Jeanne Laurens épousa 1° Pierre de Sévigné, baron des Rochers, 2° messire Charles du Bec, IIe du nom, chlr de l'ordre du Roi, gentilhomme ordinaire de sa Chambre, sgr de Boury et de Villebon, veuf de Marie de Clercy et fils de Charles du Bec, Ier du nom, sgr de Boury et de Verdès, chlr de l'ordre du Roi, vice-amiral de France, et de Madeleine de

---

1. 20 nov. 1415. Quittance de gages donnée à Hémon Raguier, trésorier des guerres du Roi, par Robert du Pouëz, écuyer dans une compagnie au service du Roi et du duc de Guyenne, en la ville de Paris, sous le gouvernement de Tanguy du Chastel. (Bibl. nat., *Pièces Originales*, reg. 2357, cote 52960. Parch. orig.)

— 54 —

Beauvilliers Saint-Aignan. Charles II du Bec, par son second mariage, devint aussi sgr de Launay, du Brandais, de la Noë-Pourceau et de la Moricière. Le 27 mars 1583, leurs enfants mineurs, René et Charles du Bec, étaient sous la tutelle de leur oncle, Révérend Père en Dieu Philippe du Bec, évêque de Nantes, abbé de Pontron, consr du Roi en son Conseil privé et plus tard commandeur de l'ordre du Saint-Esprit, maître de la chapelle du Roi et archevêque de Reims. *(Arch. de la Vignette et de la Moricière*, Père Anselme et Cabinet des Titres de la Bibl. Nat.)

Par acte du 2 juil. 1601, passé devant Robo, notaire royal à Nantes, Jean Gabard, écuyer, sgr des Jamonières, et damoiselle Françoise Padioleau, son épouse, achetèrent, pour la somme de 9150 écus sol, à 60 sols pièce, de noble et puissant sgr Charles du Bec [1] et de noble et puissante dame Jeanne de Touteville, son épouse, les lieu noble, maison seigneuriale, fief, juridiction, haute, moyenne et basse justice, terres et appartenances de la Moricière, par. Saint-Philbert, avec ses métairies, rentes et revenus, pourpris [2], maisons, jardins, vergers, garenne et refuge à connils [3], pressoir, cuves et tonneaux dudit lieu et meubles y étans, bestiaux et métairies droit de fuye, bois-taillis et de haute futaie, prés, pâtures, pastureaux, marais, et le droit de pescheries aux égouts du lac de Grand-Lieu, ainsi que les métairies de la Moricière et de la Retelandière ; les métairies de la Gresle et de la Haie-Riou ; les terrages du Plessis et de la Mallancherie ; le moulin à vent de la Moricière ; les rentes et droits de rachat de la Tamiserie ; les rentes seigneuriales sur les villages de la Boivelière, de la Gallonière, de la Crapaudière, du Plessis-Bureau, sur la moitié du village du Plessis-Pilaton et sur deux maisons de Saint-Philbert, dans lesquelles se tenaient les plaids de la cour de la Moricière ; et généralement « ladite « terre et sgrie de la Moriciere, avec tous ses droits utiles et « honorifiques, à la charge d'en faire les obeissances, hom- « mage, payer le rachat au Roi [4] et d'en acquitter les

---

1. Dans un acte du 13 août 1600, conservé à la Vignette, Charles du Bec est qualifié haut et puissant messire, chlr de l'ordre du Roi, gentilhomme de sa Chambre, sgr de Villebon, Boury, Laubier, la Moricière, la Marne.
2. Enceinte, cour.
3. Lapins.
4. Ce droit se monta pour cette mutation à 970 écus 50 sols.
Le 18 avril 1641, la terre et sgrie de la Moricière fut baillée judiciairement à Jean Perraud pour cinq ans et 3,600 livrées par an, *(Arch. de la Vignette.)*

« redevances, entre autres 50 livres tournois à l'hôpital de
« Nantes, 9 livres 8 sols tournois au recteur de Sainte-Rade-
« gonde de Nantes et 12 livres monnaie à l'abbaye de Ville-
« neuve. » *(Arch. de la Vignette.)*

La famille Gabard ayant possédé pendant longtemps la Moricière, les Jamonières, le Chaffault et le Pied-Pain, nous croyons indispensable de donner ici sa généalogie d'après les nombreux documents relatifs à cette famille qui se trouvent aux archives de la Vignette et de la Moricière ainsi qu'au Cabinet des Titres de la Bibliothèque Nationale.

GABARD OU GABART

Armes : *de gueules, au croissant d'argent, accompagné en chef de deux étoiles d'or.*

I. Jean G., 1er du nom, s^r de la Noë, par. de la Limouzinière, en 1524, eut pour fils :

II. François G., écuyer, s^r de la Maillardière, par. de Vertou, et de la Teillière, demeurant à Nantes, et l'un des capitaines de la garnison de cette ville en 1543, fut anobli par lettres royaux données à Saint-Germain-en-Laye, au mois de juin 1547 et enregistrées en la Chambre des Comptes, le 20 mai 1548. *(Arch. de la Vignette.* Parch. original.)

Il épousa 1° Jeanne Girard, 2° Louise Brécel, dame du Breil et des Jamonières, fille de Christophe B., sénéchal de Nantes, sgr de la Seilleraye et de Clermont, et de Catherine du Chaffault, et veuve de noble homme Pierre de la Chapelle, docteur en droit, cons^r au Parlement de Bretagne et sgr des Jamonières.

Du premier mariage vinrent :

1º François G., écuyer, seigneur de la Maillardière, consr au Parlement de Bretagne et qui épousa 1º Catherine d'Artois, 2º Sébastienne Huguet. De la première alliance : A. François G., écuyer, sgr de la Maillardière, maître des Comptes en Bretagne et qui épousa 1º Antoinette du Pé, fille de N... du Pé, sgr d'Orvault, sans enfants, 2º Jeanne Berland, fille de Jacques B., sr de la Guitonnière en Poitou, président au Parlement de Bretagne, sans enfants. B. Louise G., qui épousa à Nantes, en 1590, Louis Foucher, sr du Brandeau en Poitou.

2º Françoise G., qui épousa, le 4 avril 1549, Vincent de la Chastaigneraye, sgr dudit lieu en Avessac.

François G. eut de son second mariage :

3º Claude G., écuyer, sr de Launay, sans alliance ;

4º Jean, qui suit ;

5º Jeanne G., qui fut la femme 1º de Pierre Gaurays, sr du Plessis-Gaurays, 2º de Guy de Champeaux, sr du Greix ;

6º Louise G., mariée en Poitou ;

7º Anne G., dame de la Grignonnaye, veuve, le 19 nov. 1598, de Jacques Grignon, écuyer, sieur de la Grignonnaye, consr au Parlement de Bretagne ;

8º Renée G., épouse, à la même date, de Pierre Ménardeau, écuyer, sieur de Ranzay, par. de Saint-Donatien, et de la Duracerie, par. de Sainte-Pazanne, auditeur en la Chambre des Comptes de Bretagne.

II. Jean G., IIº du nom, sgr de la Botinière, *aliàs* la Boutinière, et des Jamonières, partagea, le 19 nov. 1598, avec ses frère et sœurs utérins, Claude, Jeanne, Anne et Renée, la succession de leur mère vivante, du consentement de celle-ci, devant Boucaud, notaire royal à Nantes.

Le 3 mars 1599, il acquit de Claude, son frère, tout ce que ce dernier possédait aux Jamonières, en échange de la terre de la Forestrie en Thouarcé. *(Arch. de la Vignette.)*

Il épousa Françoise Padioleau, dame de la Moricière, de la Retelandière et de Téhillac, qui épousa en secondes noces David de Breslay, écuyer, avec lequel elle vivait le 27 sept. 1635.

Elle avait eu de son mariage avec Jean Gabard :

1º Jean, qui suit ;

2º Claude G., écuyer, sgr de Launay, de la Forestrie, de Rollieu, et qui épousa damoiselle Françoise Godiveau, dont : A. Jacques G., écuyer sgr de Rollieu, consr au Parlement de Bretagne, époux de Renée Martin des Morandais, dont une fille mariée à messire N... de Bégasson ; B. Jean G., écuyer, sieur du Brossay ;

3º Antoinette G., qui fut unie 1º à Jean Le Guennec, sieur de Beaubois en Drefféac; 2º en 1645, à messire Jacques Rogon, écuyer, sr de Kermartin.

III. Jean G., IIIe du nom, écuyer, sgr de la Moricière, des Jamonières et du Pied-Pain, grand prévôt de Bretagne, partagea avec ses frères et sœur, Jean, Claude et Antoinette, la succession de leur père, le 16 juin 1626, et mourut en mars 1640.

Il avait épousé 1º Marie Cuillé, 2º damoiselle Bonne Guischard, fille de N... G., sr de Martigné, consr au Parlement de Bretagne.

Du premier mariage :

1º Jean, qui suit ;

Du second mariage :

2º Renée G., femme de Jacques Butault, sr de la Chastaigneraye et de Marzan ;
3º François G., écuyer, sr de Téhillac ;
4º Claude G., écuyer, qui épousa Antoinette de Chardonnay ;
5º Charles G., écuyer, sgr de Tharon, par. de Saint-Père-en-Retz, en 1663 ;
6º Antoine G., écuyer, sr de la Roche-Hervé, par. de Missillac ;
7º et 8º Antoinette et Marie G., religieuses du tiers-ordre à Nantes ;
9º Renée G.

IV. Jean G., IVe du nom, écuyer, sgr de la Moricière, des Jamonières, du Chaffault et du Pied-Pain, fut maintenu dans sa noblesse par arrêt de la Chambre de la Réformation de Bretagne du 13 nov. 1668, avec Philippe G., sieur de la Maillardière, et ses frères, François G., sieur de Téhillac, Claude G., écuyer, sieur du Plessis, Charles G., écuyer, sieur de Tharon, et Antoine G., écuyer, sieur de la Roche-Hervé. (Bibl. nat. *Carrés de d'Hozier*, vol. 279, f-s 4 et 5.)

Il épousa René Bonneau, dont il eut :

1º Charles-Prudent, qui suit.
2º Renée G., qui épousa messire Charles-Gabriel Bouhier, chlr, sgr de la Verrie. Leur fille, Geneviève-Marquise-Prudence Bouhier de la Verrie,

épousa, le 13 fév. 1703, Christophe Juchault, IIᵉ du nom, et lui apporta en dot la sgrie du Chaffault. (Voir page 26.)

3º Marquise G., femme, en 1700, de messire Jean-Baptiste-Gaston Le Lou, chlr, sgr de la Chapelle-Glain.

V. Charles-Prudent G., écuyer, sgr de la Moricière, des Jamonières, du Chaffault, de Monceaux et du Pied-Pain, fit enregistrer les armes de sa famille dans l'*Armorial officiel de France* de 1696. (Bretagne, reg. 1, p. 166.)

Il avait épousé Marie-Anne de Loréal et mourut sans postérité en avril 1715.

C'est par le mariage mentionné plus haut de Christophe Juchault, IIᵉ du nom, avec Geneviève-Marquise-Prudence Bouhier de la Verrie et l'extinction de la famille Gabard, que les sgries de la Moricière, des Jamonières, du Chaffault et du Pied-Pain sont entrées dans la famille Juchault.

Par acte du 8 sept. 1738, passé devant Mongin et Fourmy, notaires royaux à Nantes, Christophe Juchault, sgr de Lorme, et Geneviève-Marquise-Prudence Bouhier de la Verrie, sa femme (voir degré v, p. 25), empruntèrent à l'intérêt annuel de 1.500 livres, à dame Marie-Françoise de Saint-Belin, veuve de messire Jean de Martel, chlr, sgr de la Haye, du Boisjouan et de Ponceau, la somme de 30.000 livres pour parfaire le payement de celle de 60.000 livres, qu'ils devaient effectuer à l'héritier de feue Marie-Anne de Loréal [1], veuve de messire Charles-Prudent Gabart, sgr de Monceaux et de la Moricière, pour les prétentions dudit héritier sur la terre de la Moricière et ses dépendances. (*Arch. de la Vignette.* Parchemin original.)

Le 17 déc. 1760, Christophe-Prudent Juchault, écuyer, sgr de Monceaux, fils des précédents, rendit aveu et dénombrement au Roi des sgries de la Moricière, du Pied-Pain, du Chaffaut et des Jamonières. Voici une copie en extrait de cet important document :

17 déc. 1760.

« Minu et déclaration des terres, fiefs, seigneuries, rentes,
« domaines et autres droits dépendans des terres et seigneuries

---

[1] Il s'agit de Louis-Marie de Béchenec, neveu de Marie-Anne de Loréal, à qui celle-ci avait fait donation de la terre et sgrie de la Moricière, le 16 nov. 1737. *(Arch. de la Vignette.)*

« du Pesle du Chaffault, de la Moricière, le Piépain et les
« Jamonières, tombées en rachapt à Sa Majesté, à cause de
« son domaine de Nantes, par le décès de dame Geneviève-
« Marquise-Prudence Bouhier de la Verrye, veuve de messire
« Christophe Juchault, écuyer, seigneur de Lorme, arrivé le
« vingt novembre mil sept cent soixante, que messire Chris-
« tophe-Prudent Juchault, écuyer, seigneur de Monceaux, son
« fils aîné, héritier principal et noble, fournit à Nosseigneurs
« des États de Bretagne, aliénataires des domaines du Roi, et
« à écuyer Jean-François de la Fontaine, conseiller du Roi,
« seul receveur général ancien et mitriennal et alternatif
« et mitriennal des domaines et bois de Bretagne, pour par-
« venir à l'éligement du rachapt desdites terres, échu par la
« mort de ladite dame, desquelles terres, fiefs et seigneu-
« ries la consistance suit, savoir :

« LA MAISON NOBLE DE LA MORICIÈRE, située en la paroisse
« de Saint-Philbert-de-Grand-Lieu, et ses dépendances.
 « *Item*, un marais appelé *La Moricière* en ladite paroisse de
» Saint-Philbert...
 « *Item*, un bois taillis, appelé *le taillis de la Planche*.
 « *Item*, la prée de la Planche...
 « *Item*, un bois taillis, appelé *le bois de la Planche*...
 « *Item*, un autre bois taillis, appelé *le taillis du Haut-*
« *Champ*...
 « *Item*, un autre bois jeune de haute futaye, appelé *le bois*
« *des Hauts-Champs*...

. . . .

 « *Item*, la métairie noble dudit lieu de la Moricière et
« ses dépendances, maisons, granges, jardins, prés, bois
« anciens, terres arables, gats, landes et autres...
 « *Item*, une métairie noble appellée *La Retellandière*, dépen-
« dante de ladite maison de la Moricière...
 « *Item*, la métairie de *la Gresle*, dépendante de ladite
« maison de la Moricière...
 « Deux pièces de terre contiguës l'une à l'autre, appellées
« *La Grande Gaignerie* et *La Petite Gaignerie*...
 « Le bois taillis du *Grand-Genet*...
 « Le bois du *Rocher* en futaye...
 « *Item*, un bois taillis, appellé *Le Bois-Rond*...
 « La métairie du *Marais-Michaud*...

« Trois clos de vigne, appellés *Le Petit-Godart* et *Les Roches
« Grises de la Gallonnière et des Amoillanes...*

« En la ville de Saint Philbert de Grand-Lieu, un corps de
« logis, bâti à murailles,... laquelle maison sert à l'exercice
« de la juridiction.

« (Suit le détail des) rentes en juridiction haute, moyenne
« et basse, dues à ladite seigneurie de la Moricière, tant en
« bleds, fromens, avoines, chapons et argent, lesdits grains
« dûs à la mesure de la juridiction de la Moricière, qui est de
« la grandeur de celle des Huguetières, sur les villages ci-
« après déclarés :

« Sur le lieu de la *Tamiserie*... (qui) relève de ladite sei-
« gnerie de la Moricière, aux devoirs de foy et hommage et
« rachat...

« Sur les villages de la *Crapaudière*, de la *Boivelière*, de la
« *Gallonnière*, de la *Gravouillerie*, du *Plessis-Bureau*, du
« *Plessis-Pillaton*, de la *Moillancherie*, de la *Pouvellerie (sic)*.

. . . .

« *Item*, à cause de la seigneurie de la Moricière, appartient,
« sur les vassaux de la paroisse de Saint-Philbert, les droits
« d'épaves, gallois, déshérence de ligne, succession de bâ-
« tards, droits de tutelle, curatelle, inventaire et ventes, de
« lods et ventes au denier six, et autres droits appartenans à
« seigneur haut justicier; comme aussi sont les vassaux de
« ladite seigneurie tenus de faire moudre le bled au moulin
« de ladite seigneurie.

« Pour l'exercice de laquelle juridiction ledit seigneur a
« droit d'avoir officiers, sénéchal, procureur fiscal, greffier,
« notaires, procureurs et sergents. »

(Suit le dénombrement des terres et sgries du Pied-Pain, du
Chaffault et des Jamonières, qu'on trouvera aux articles que
nous avons consacrés à chacune de ces sgries.)

« Ce sont toutes les dépendances desdites terres et sei-
« gneuries du Pesle du Chaffault, de la Moricière, du Pied-
« Pain et des Jamonières, qui sont tombées en rachapt par le
« décès de ladite dame Geneviève - Marquise - Prudence
« Bouhyer de la Verrye, veuve Juchault de Lorme, déclarant
« ledit seigneur de Monceaux qu'au décès de messire Char-
« les-Prudent Gabart, chevalier, seigneur de Monceaux,
« oncle de ladite dame de Lorme, arrivé au mois d'avril mil

« sept cent quinze, le rachapt desdites terres fut payé sur le
« pié de trois mille six cens livres, mais il observe que la
« plus grande quantité des bois taillis, qui formaient alors un
« produit, sont actuellement en futaie et ne produisent plus
« de revenu, qu'il y a beaucoup de vignes qui dépendent de
« ces terres, dont l'exploitation coûte beaucoup et produisent
« peu de revenu, en sorte qu'à peine peuvent-elles valoir ce
« qu'elles valaient ; cependant, il offre de payer le rachapt
« dû par la mort de Madame sa mère sur le pié de trois mille
« six cens livres, consentant au surplus, si son offre n'est pas
« acceptée, que Nosseigneurs des Etats de Bretagne et ledit
« sieur de la Fontaine fassent procéder au bail du revenu
« desdites terres et seigneuries ou qu'ils en jouissent ainsi et
« de la manière qu'ils aviseront.

« Lequel présent minu ledit seigneur de Monceaux,
« demeurant à Nantes, en son hôtel, rue et paroisse de Notre-
« Dame, présent devant nous notaires du Roi à Nantes,
« soussignés, affirme contenir vérité à sa connaissance, et
« pour le présenter à Nosseigneurs des États de Bretagne
« et audit sieur de la Fontaine et en retirer le récépissé, il
« a fait et constitué son procureur général et spécial
« M. *(ici un blanc)*, auquel il donne tout pouvoir quant
« à ce. Fait et passé à Nantes, ès étude où ledit seigneur
« de Monceaux a signé, l'an mil sept cent soixante, le dix-
« sept décembre. La minute est signée de C.-Prudent Juchault
« de Monceaux et des notaires soussignés, et elle est restée
« vers maître Jalaber, l'un d'eux. Controllé à Nantes, le
« lendemain par Mioulle, qui a reçu dix-neuf sols trois de-
« niers. »

« Signé Legoüais *(et)* Jalaber. »

« Je soussigné, receveur des domaines du Roy à Nantes,
« reconnois avoir reçu de Monsieur Juchault de Monceaux,
« en l'acquit du sieur de la Chenais, adjudicataire du bail à
« rachat des terres, fiefs, seigneuries, rentes, domaines et
« autres droits dépendants des seigneuries du Chaffaut du
« Pels, de la Morissière, le Piedpain, les Jamonières, la
« somme de trois mille six cens livres pour le rachat dû à
« M^{rs} des États de Bretagne par le décès de dame Marquise-

« Prudence Bohyer de la Verrière[1], veuve de messire Christo-
« phe Juchaud, seigneur de Lorme, arrivé le 20 novembre der-
« nier, lesdits biens situés paroisse de Saint-Philbert de Grand-
« Lieu, de laquelle susdite somme je tiens quitte mondit
« sieur de la Chenais et tous autres, et reconnois que le bail à
« rachat fait au présidial de Nantes, le 4 avril dernier, m'a été
« remis au soutien du minu des autres parts, sans préjudice
« de tous autres droits féodaux.

« A Nantes, ce treze may 1761.

(Signé) MIOULL..

« Droit de quittance : 3 livres. »

(Archives de la Vignette. Papier original.)

La terre de la Moricière, confisquée nationalement sur Christophe-Jacques-Prudent-Gilbert Juchault de la Moricière (degré VII), fut vendue par l'administration du domaine de la Loire-Inférieure, le quatrième jour complémentaire de l'an IV (20 sept. 1796), à la citoyenne Marie Guillet, marchande de fer, demeurant à Nantes, et veuve de Julien Le Verrier, laquelle, par acte du 12 fructidor an V (29 août 1797), passé devant Nicolleau et Bouheau, notaires de Saint-Philbert-de-Grand-Lieu et de la Limouzinière, la revendit, pour la somme de 30,000 francs, à Marie-Rosalie, Henriette-Félicité, Charlotte-Julie Juchault de la Moricière et à Louis-Marie Juchault des Jamonières et Marie-Prudence-Aimée Juchault de la Moricière, son épouse. *(Arch. de la Moricière.)*

La terre de la Moricière appartient actuellement à Madame la comtesse Henry de Castries, née Juchault de la Moricière.

De l'ancienne maison seigneuriale de la Moricière il ne reste plus que la petite chapelle, placée au sud-est de la maison actuelle et dont la construction doit être très ancienne, s'il faut en juger par ses porte et fenêtre et par la croix pattée (élargie aux quatre extrémités) qui se trouve encore sur la partie septentrionale de la toiture, au-dessus du chœur.

Pour être aussi complet que possible, nous allons maintenant parler avec quelques détails des anciennes dépendances de la sgrie de la Moricière.

---

1. Lisez Bouhler de la Verrie.

La Boivelière, village en la par. de Saint-Philbert-de-Grand-Lieu et dépendance roturière de la sgrie de la Moricière, actuellement à 2 kilom. 250 m. au sud de la Moricière[1]. Le nom est écrit: La Bayvelyerre, 1534; La Boevellière, 1582, 1600; La Bouevellière, 1603, 1645; La Boisvelière, 1702; La Boivellière, 1775, 1776.

Les tenanciers de ce village en rendirent aveu et dénombrement aux sgrs de la Moricière : Bertran du Pouëz, le 9 juin 1534; Révérend Père en Dieu Philippe du Bec, évêque de Nantes, tuteur de Charles du Bec, son neveu, le 10 juin 1582; Charles du Bec, le 3 août 1600; Jean Gabart, le 6 juil. 1603; Jean Gabart, le 12 janv. 1645; Charles-Prudent Gabart, le 14 juil. 1702; messire Christophe-Prudent Juchault, le 19 janv. 1776. (*Arch. de la Moricière*, nos 14 à 23. Parch. et pap. originaux.)

La Crapaudière, village en la même par. et dépendance roturière pour moitié de la même sgrie, actuellement à 3 kilom. 300 m. au sud de la Moricière. Les tenanciers en rendirent aveu et dénombrement aux sgrs de la Moricière : Bertran du Pouëz, le 4 mars 1541; Jean Gabard, le 18 août 1602; David de Breslay et Françoise Padiolleau, sa femme, le 8 juin 1620; Jean Gabart, les 18 mars et 18 avril 1645; Charles-Prudent Gabart, le 16 janv. 1693; messire Christophe-Prudent Juchault, chlr, le 30 oct. 1784. (*Ibidem*, nos 52 et 85 à 94. Parch. et pap. originaux.)

L'Escaubu-Villain, enclave du village de la Revellerie, par. de Saint-Philbert-de-Grand-Lieu, dans la mouvance de la sgrie de la Moricière. Le nom est écrit l'Escaubu-Villain, 1534; les Escaubus-Villains, 1660; les Ecaubus-Villains, 1775.

Les tenanciers en rendirent aveu et dénombrement aux sgrs de la Moricière : Bertran du Pouëz, le 14 mars 1534; Jean Gabart, le 2 juil. 1660; messire Christophe-Prudent Juchault,

---

1. Cette distance et les suivantes sont calculées à vol d'oiseau.

le 31 oct. 1775. *(Arch. de la Moricière*, n°ˢ 24, 25 et 49. Parch. originaux.)

La Gravouillerie, village en la paroisse de Saint-Philbert-de-Grand-Lieu, dans la même mouvance, actuellement à 3 kilom. 100 m. au sud de la Moricière. Le nom est écrit La Gravoillerie, 1534-1645 ; La Gravouillerie, 1693-1781. Les tenanciers en rendirent aveu et dénombrement aux sgrs de la Moricière : noble écuyer Bertran du Pouëz, le 12 mars 1534 ; R. P. en Dieu Philippe du Bec, évêque de Nantes, tuteur des enfants mineurs de Charles du Bec, chlr de l'ordre du Roi, et de Jeanne Laurens, le 16 juin 1582, devant Etienne Viau et Clément Guillemet, notaires de la cour de la Moricière ; Jean Gabard, le 18 août 1602 ; Jean Gabart, le 19 avril 1645 ; messire Charles-Prudent Gabart, le 2 nov. 1693 ; haut et puissant sgr Christophe-Prudent Juchault, le 5 nov. 1784. (*Ibidem*, n°ˢ 26 à 31. Parchemins originaux, scellés pour la plupart du sceau de la cour de la Moricière, représentant les armoiries des différents sgrs de la Moricière, avec cette légende : sceav de la covr de la moriciere.)

La Hairiau, métairie en la par. de Saint-Philbert-de-Grand-Lieu et dépendance roturière de la sgrie de la Moricière, actuellement à 2 kilom. 750 m. au sud de la Moricière. Autrefois La Haye-Oairiau (1548), La Haye-Saint-Ayriau (1582), La Hairiou (1601). Cette métairie appartenait, en 1678, à messire Jacques Gabart, chlr, sgr de Rollieu, par. de Missillac, consʳ au Parlement de Bretagne (*Arch. nat.* P. 1663, f° 279) ; en 1746, à Julien-René Bégasson, sgr de la Lardais, consʳ au même Parlement.

La Moillancherie, village en la même par. et dépendance roturière de la même sgrie. Autrefois La Meillancherie, 1537; La Moillancherie, 1603 ; La Maillancherie, 1645-1784. Les teneurs de ce village en rendirent aveu et dénombrement aux sgrs de la Moricière : Bertran du Pouëz, 10 juin 1537 ; Jean Gabart, 7 juil. 1603 ; Jean Gabart, 26 mars 1645 ; haut et puissant sgr messire Christophe-Prudent Juchault, 5 nov. 1784. (*Arch. de la Moricière*, nos 32 à 39. Parch. et pap. originaux.)

La Piletière, dépendance roturière de la même sgrie, en la même par., actuellement à 1 kilom. au sud de la Moricière. Judith de Lespinay, dame de la Pilletière, 1610 ; honorable homme Julie Pichon, sieur de la Pillatière, 1613 et 26 oct. 1627 ; noble homme Nicolas Hervouët, sgr de la Pilletière et du Pasty, avocat au Parlement de Bretagne, 1678 (*Arch. nat.* P. 1663, f° 277) ; messire Claude de Monti, chlr, sgr de la Pilletière, 25 oct. 1775 et 10 sept. 1776. *(Arch. de la Moricière)*.

Le Plessis-Bureau, village dépendant de la même sgrie. (*Ibid.*, n° 40.)

La Retelandière, actuellement La Riquelandière, à 700 m. au sud-est de la Moricière, métairie noble en la par. de Saint-Philbert-de-Grand-Lieu, mouvante d'abord des ducs de Bretagne, ensuite du Roi, en dernier lieu de la sgrie de la Moricière. 9 nov. 1445, aveu rendu au duc de Bretagne pour cette métairie par Jean Goyon, chlr. 1634-1635, Françoise Padioleau, dame de la Moricière et de la Retelandière, et veuve de David de Breslay, écuyer, sieur du Bouschet. 1680, Jean Gabard, sgr de la Retelandière. 15 nov. 1702, addition d'aveu pour des fiefs sis proche la métairie de la Retelandière par Jean Bouaud (*sic*, Butault ?), sgr de la Chastaigneraie. (*Arch. de la Moricière*, nos 41 à 45. Parch. et pap. originaux.)

LA REVELLERIE, village en la par. de Saint-Philibert-de-Grand-Lieu et dépendance roturière de la sgrie de la Moricière, (actuellement à 3 kilom. 800 m. de la Moricière). Les tenanciers de ce village en rendirent aveu et dénombrement aux sgrs de la Moricière : Jean Gabard, 2 nov. 1602 ; Jean Gabart, 19 avril 1644 ; messire Charles-Prudent Juchault, chlr, 30 juin 1703. Ce village avait pour enclave L'Escaubu-Villain. *(Arch. de la Moricière*, nos 46 à 49 et 119. Parch. et pap. originaux.)

LA TAMISERIE, maison noble, métairie et village en la par. de Saint-Philbert-de-Grand-Lieu, dans la mouvance de la sgrie de la Moricière, (actuellement à 3 kilom. 250 m. au sud de la Moricière).

3 juin 1534. Devant J. Huet et Brissonnet, notaires de la cour de la Moricière, aveu et dénombrement de la moitié du village et hébergement de la Tamiserie, rendu par divers tenanciers à noble écuyer Bertrand du Pouëz, sgr du Pouëz et de la Moricière.

1er nov. 1536. Aveu pareil rendu au même sgr par honnête personne Guillaume Babin, sgr des Barres (peut-être actuellement La Barre).

4 mars 1541. Aveu pareil rendu au même sgr par le même Babin, tant en son nom qu'en celui de Roberde Babin, sa sœur.

4 oct. 1604. Aveu et dénombrement de la maison noble et de la métairie de la Tamiserie, rendu à Jean Gabart, écuyer, sgr de la Moricière, par maîtres Jean Bourcier et Mathurin Hervouët, sergent royal, acquéreurs des biens de la succession de noble homme Robert Babin, sieur des Barres.

6 juil. 1612. Aveu pareil rendu par honorable homme Nicolas des Vignes, sieur de la Tamiserie, demeurant à Nantes, par. Sainte Croix, à damoiselle Françoise Padiolleau, dame des Jamonières et de la Moricière, tutrice des enfants d'elle et de feu Jean Gabart, écuyer, sgr des mêmes lieux.

19 juil. 1614. Aveu pareil rendu par le même à David de Breslay, écuyer, et à ladite Padiolleau, son épouse, sieur et dame de la Moricière. *(Arch. de la Moricière,* nos 50 à 55. Parch. originaux, scellés du sceau de la cour de la Moricière, qui, nous le répétons, était celui des sgrs de la Moricière.)

16 juil. 1639. Aveu pareil rendu par maître Yves Thomyn, procureur au siège présidial de Nantes, et honorable femme Jeanne des Vignes, sa compagne, à lad. Padiolleau, veuve de Jean Gabard, sgr et dame de la Moricière.

5 sept. 1648. Sentence de la cour de la Moricière, tenue en la ville de Saint-Philbert et qui condamne à une amende de 60 sous noble homme René Bonnin, sieur des Viviers, et damoiselle Jeanne des Vignes, sa compagne, pour avoir produit un aveu défectueux d'héritages sis à la Tamiserie.

17 juil. 1679. Devant Petit et Belon, notaires royaux à Nantes, acte d'afféagement (aliénation d'une portion de terre, à la charge d'une certaine redevance) de la métairie de la Petite Tamiserie, fait par Jean Gabart, chlr, sgr de la Moricière, à Gabriel-Louis de Chardonnay, écuyer, sgr de Bicherel et de la Marne, demeurant à Machecoul. Lad. métairie, par acte du 3 janv. 1676, passé devant Javereau et Peger, notaires de la cour de Clisson, avait été vendue par dame Gratienne Thomin, veuve de François de la Rivière, écuyer, sieur de la Belonnière, à maître Nicolas Rocquand, procureur en la juridiction de Machecoul ; mais ledit Jean Gabart en obtint le retrait féodal par sentence de la juridiction de la Moricière du 23 janv. 1677, ce qui lui permit d'afféager lad. métairie audit Louis de Chardonnay.

17 juil. 16,9. Devant les mêmes notaires led. Gabriel-Louis de Chardonnay, *pour recognoistre la grace* (l'afféagement) *qui luy a esté faicte par ledict seigneur de la Moricière* (Jean Gabart), renonce, en faveur de ce dernier, à tout droit de chasse sur la Grande et la Petite Tamiserie.

23 juin 1685. Devant Pirly et Lemerle, notaires royaux à Nantes, acte de renonciation pareille fait par le même en faveur du même.

14 nov. 1711. En l'audience ordinaire des juridictions de la Moricière et du Piépain, tenue en la ville et auditoire de Saint-Philbert-de-Grand-Lieu, par noble homme Jean Hubert, sieur de la Gestière, avocat en la Cour, en l'absence du sénéchal et juge ordinaire desdites juridictions, réception de l'aveu de la Tamiserie, rendu par Charles de Chardonnay, écuyer, sieur de Bicherel et de la Tamiserie, à Charles Prudent Gabart, chlr, sgr de la Moricière et de Monceaux.

21 juil. 1751 et 1er févr. 1765. Deux aveux et dénombrements du moulin à vent de la Barre, situé au lieu de la Tamiserie, rendu par des meuniers, le premier à dame Geneviève-Marquise-Prudence Bouhyer, veuve de messire Christophe-Prudent Juchault, chlr, sgr de Lorme, et à messire Christophe-Prudent Juchault, chlr, sgr de Monceau, de la Moricière, du Piépain et du Chaffault, en Saint-Philbert, et autres lieux; le second, à messire Christophe-Prudent Juchault, écuyer, sgr des mêmes lieux.

(*Arch. de la Moricière*, nos 56 à 63. Parch. et pap. originaux.)

LES JAMONIÈRES *aliàs* JAMONNIÈRES

Cette ancienne sgrie était assise en la par. de Saint-Philbert-de-Grand-Lieu, évêché de Nantes, et avait droits de moyenne et basse justice, de chapelle et de rentes seigneuriales sur les métairies de la Charoulière [1] et de la Poterie.

Elle appartenait, dans la première moitié du xve siècle, à la puissante famille de Laval, sires de Retz. Gilles de Laval, sgr de Retz, de Blazon et d'Ingrande, consr chambellan du Roi et maréchal de France en 1429, la vendit, avant 1442, à Geoffroy Le Ferron, qui, le 1er juil. 1442, la rétrocéda à

---

1. Cette métairie appartenait, en 1680, à Jacques Butault, chlr, sgr de la Chastaigneraie et de Marzan. *(Arch. Nat.* P. 1663, f0 299.)

Prégent VII de Coëtivy, amiral de France, gouverneur de la Rochelle et époux de Marie de Laval, fille et unique héritière dudit Gilles de Laval et de Catherine de Thouars. (*Archives de la Loire-Inférieure.* E. 219, et Paul Marchegay. *Cartulaire des sires de Rays.* Nantes, in-8°, 1857, p. 68.)

Ce retrait fut sans effet, car nous voyons que, le 17 sept. 1443, François, duc de Bretagne, accorda, à Redon, un répit de deux ans audit Prégent de Coëtivy pour le dénombrement de ses différentes terres et sgries, entre autres celle des Jamonières. (Marchegay. Même cartulaire, p. 69.)

Sgrs des Jamonières : 1467, Guillaume Le Ferron; 1493, Pierre Le Ferron; 1500, François Goheau, sgr aussi de Souché, de Saint-Aignan, de la Maillardière et de l'Isle-Bouin, en Bretagne et Vendée ; il épousa Françoise Hamon, dont il eut : Louise Goheau, dame desdits lieux et qui épousa, vers 1530, Jacques de Montbron, baron d'Avoir, sgr de Miré, de Champeaux et de l'Espinay-Greffier.

Le 17 juin 1543, devant Le Morisson et Perraudeau, notaires royaux à Nantes, lad. damoiselle Louise Goheau, dame de Souché, veuve dudit Jacques de Montbron, vendit par antichrèse (avec faculté de rachat) et en forme de ferme, à noble homme François Gabart, docteur en droit, sgr de la Maillardière, la terre et sgrie des Jamonières, avec toutes ses appartenances et dépendances, métairies de la Potterie et de la Charulière, le tout situé dans les par. de Saint-Philbert et de Saint-Lumine-de-Coutais, à la charge d'en rendre foi et hommage au Roi, de payer le droit de rachat au Roi, et, aux abbé et couvent de Villeneuve, 54 livres tournois de rente assise sur la métairie de la Charulière. (*Arch. de la Vignette.*)

Le retrait de la sgrie des Jamonières ne fut pas opéré par Louise Goheau.

Le 7 déc. 1556, noble homme René du Hardaz, consr au au Parlement de Bretagne, tuteur de François Gabard, sgr de la Maillardière, rendit foi et hommage au Roi des manoir, terre et sgrie des Jamonières, tenus prochement et noblement du Roi. *(Ibidem.)*

3 juin 1600. Même foi et hommage par Jean Gabard. *(Ibid.)*

Le 10 nov. 1608, devant Remfort et Lebigot, notaires royaux à Nantes, Françoise Padioleau, dame de la Moricière et des Jamonières, veuve de Jean Gabart, écuyer, sieur des Jamonières, au nom et comme tutrice de Jean Gabart, leur fils aîné, rendit aveu et dénombrement au Roi des « lieu, manoir, maison, « terre et sgrie noble des Jamonieres, sis en la par. de Sainct « Phillebert,, avec toutes et chascunes ses appartenances et « deppendances, tant de maisons, court, chapelle, fuye « *(colombier)* et refuge à pigeons, grange, pressouers, mou- « lin, jardins, vergers, vivier et estang, bois anciens de haute « fustaye et taillables, garannes, prées, pasturaux, mestairies, « fiefs de vignes, dismes, rantes et devoirs quelxconques, « avec juridiction moyenne et basse, le tout tenu prochement « et noblement du Roy, à foy et hommage et rachapt, quand « le cas y advient. » Ce dénombrement qui comprend « ladicte « maison dudict lieu des Jamonnieres, avec ses dictes courts, « jardins et bois de haute fustaye, la metairie noble de la « Poterie », fut « proclamé, à haute et intelligible voix 1º le « 23 févr. 1622, par Savary, sergent royal, à l'issue de la messe « de Sainct Phillebert, le peuple y estant congregé et assem- « blé, 2º au marché de Machecoul, au lieu accoutumé à faire « pareils bans et exploictz de justice. » *(Arch. de la Vignette.* Parch. original.)

La sgrie des Jamonières est entrée dans la famille Juchault par le mariage, en 1703, de Geneviève-Marquise-Prudence Bouhier de la Verrie avec Christophe Juchault, IIᵉ du nom. (Voir page 26.)

Le 17 déc. 1760, Christophe-Prudent Juchault, fils des précédents, rendit aveu et dénombrement au Roi des sgries de la Moricière, du Pied-Pain, du Chaffault et des Jamonières. Cet acte que nous avons reproduit, page 58, contient le passage suivant relatif aux Jamonières :

(Dénombrement des) MAISONS, TERRES, FIEFS ET SEIGNEURIES NOBLES DES JAMONNIÈRES, sises en ladite paroisse de Saint-Philbert-de-Grand-Lieu (et comprenant) *la maison des Jamonnières, la grande pièce et le moulin des Jamonnières*, les métairies de la *Charouillère et de la Poterie*, etc., etc. *(Arch. de la Vignette.* Papier original.)

A la mort du baron Antoine Juchault des Jamonières, en

1863 (voir page 39), le château et la terre des Jamonières passèrent à son petit-fils, Albert Patas d'Illiers. Monsieur Crouan s'en est rendu acquéreur en avril 1883.

LE CHAFFAULT OU LE CHAFFAUT

Cette ancienne terre et sgrie était située dans les par. de Bouguenais et de Saint-Philbert-de-Grand-Lieu, évêché de Nantes. La partie comprise dans la seconde de ces deux par. et qui a appartenu à la famille Juchault s'appelait *Le Pesle du Chaffault*.

La sgrie du Chaffault avait droits de justice haute, moyenne et basse, de banc dans l'église paroissiale dudit Saint-Philbert, de chapelle dans le cimetière de la même par., et de rentes seigneuriales sur les dépendances suivantes : la maison noble de la Noë, *aliàs* la Noue-Pourceau, les villages de la Goulardière, de la Grande-Guitière et de la Loterie.

Elle relevait primitivement de la châtellenie de la Benaste, membre dépendant du duché de Retz ; elle releva plus tard prochement et noblement des rois de France.

Elle a appartenu successivement aux familles du Chaffault, de Lespinay, Gabard et Juchault.

De nombreux documents originaux, relatifs aux du Chaffault, se trouvent au manoir de la Vignette. D'après ces documents et les preuves de noblesse qui ont été faites par cette famille pour les honneurs de la Cour, en nov. 1786, devant Louis-Nicolas-Hyacinthe Chérin, généalogiste des ordres du Roi [1], nous allons pouvoir retracer l'histoire des premiers sgrs du Chaffault [2].

---

[1]. Bibliothèque Nationale. Collection Chérin, vol. 48, cote 1020.

[2]. Pour d'autres détails sur la famille du Chaffaut, on peut aussi consulter la belle généalogie de cette famille, qui a été publiée par M. de la Nicollière-Teijeiro, archiviste de la ville de Nantes, dans la seconde édition du *Dictionnaire des Familles du Poitou* de MM. Beauchet-Filleau, généalogie à laquelle nous empruntons un fragment relatif aux derniers membres de la famille du Chaffault et qu'on trouvera à la fin de nos *Preuves et Notes*.

I. Sauvestre, *aliàs* Silvestre et Sévestre du Chaffaut, 1ᵉʳ du du nom, écuyer, était sgr du Chaffault en 1271 ; il mourut en nov. 1302. Il avait épousé Marie de Barnel, dont il eut :

II. Sévestre du Chaffaut, IIᵉ du nom, valet [1], sgr du Chaffaut et de Monceaux, fit un accord, le lundi après que l'on chante *oculi mei* 1313, avec Olivier de la Noüe, au sujet de la terre de la Paytruère, sise en la par. de Saint-Philbert-de-Grand-Lieu. (*Arch. de la Vignette*. Parch. orig.) Par son testament de l'année 1330, il demanda à être enseveli dans la chapelle qu'il avait fondée en l'abbaye de Villeneuve. Voici des extraits de cet acte :

« In nomine Domini amen. Ego Silvester de Chafaudo,
« senior [sed] compos mentis mee, *etc.*, testamentum meum
« seu ultimam meam voluntatem condo, facio, dispono et
« ordino in hunc modum, *etc.* Item, meam eligo sepulturam
« in monasterio Beate Marie de Villa Nova, cisterciensis
« ordinis, Nannetensis diocesis, ante altare sancti Benedicti,
« in capella quam mihi fundavi, *etc.* Item, executores meos
« hujus testamenti seu mee ultime voluntatis condo, facio,
« deputo et obligo religiosum virum dilectum et dominum
« meum abbatem monasterii Beate Marie de Villa Nova, cis-
« terciensis ordinis, Nannetensis diocesis, et fratres Mauricium
« de Hunaut et Johannem Aliquid, confratres monasterii
« predicti, et Johannem Gastinelli, valetum, et Silvestrem,
« filum meum, quem unà cum illis facio et instituo heredem
« meum principalem, *etc.* Datum die martis ante translatio-
« nem Beati Benedicti abbatis, anno millesimo CCC trigesimo.
(*Bibliothèque nationale.* Ms latin 17092, p. 229.)

Sévestre du Chaffaut avait épousé Agnès de Champquartier ou Champcartier, dont il eut :

III. Sévestre du Chaffaut, IIIᵉ du nom, chlr, sgr du Chaffaut, par son testament de 1381, demanda à être enseveli en l'abbaye de Villeneuve, dans la chapelle fondée par son père, auprès d'Isabelle de la Jaille, sa défunte compagne, et choisit pour ses exécuteurs testamentaires l'abbé de Villeneuve,

---

[1]. Du latin *valetus* : écuyer.

l'évêque de Nantes, Aliette des Bouchaux, sa femme, Thébaut, son fils, Girart de la Noë de Passay et Robin de la Touche-Limousinière. *(Ibidem*, p. 233. Extraits des titres de l'abbaye de Villeneuve.)

Sévestre du Chaffaut est inscrit, comme chlr bachelier, sur le rôle de la montre de la compagnie du sire de Clisson, baron, de deux autres barons, de 22 chlrs bacheliers et de 165 écuyers, reçue à Ploërmel, le 1er juil. 1380. (Bibl. nat. coll. Clairambault, reg. *33*, p. 2436. Parch. orig.)

Il avait épousé 1° Ysabeau de la Jaille, 2° Marie de Bodel, 3° Aliette des Bouchaux.

Du second mariage naquirent : 1° Yvon du C.; 2° Sévestre du C.; 3° Thébaut, qui suit. Du troisième mariage : 4° Jamet du C.; 5° Sévestre du C.; 6° Allain du C.

IV. Thébaut du Chaffaut, sgr du Chaffaut, par acte passé, le 10 avril 1391, sous quatre sceaux, savoir : le scel établi aux contrats pour le duc de Bretagne à Nantes, son scel propre, le scel de Jehan Raguenel, l'un des témoins, et le scel du chapitre de Nantes, fonda une chapellenie dans l'église du cimetière de Saint-Philbert-de-Grand-Lieu, à l'autel de Sainte-Catherine, derière celui de Saint-Mandé, chapellenie dont la collation devait appartenir à l'évêque de Nantes et la présentation au fondateur et à son héritier principal, sgr du Chaffaut. Les témoins de cet acte furent : ledit Jean Raguenel de Bon-Espoir, Geoffroy Blandin; Jamet, Sévestre et Allain du Chaffaut, frères du fondateur. (Collection Chérin, vol. 48, cote 1020, folio 4. Analyse d'après le parchemin original produit par la famille du Chaffaut.)

Par son testament du 9 mai 1405, Thébaut du Chaffaut élit sa sépulture en lad. église Notre-Dame du cimetière dudit Saint-Philbert, au chœur d'icelle, assez près du grand autel, dans un tombeau qu'il y avait fait construire.

Il mourut en 1406. Il avait épousé Durable Gestin, fille de Jean, écuyer, et qui se maria, en secondes noces, avec Guillaume de Rochefort.

Il eut de cette alliance le fils qui suit :

V. Sévestre du Chaffaut, IVe du nom, écuyer, sgr du Chaffaut et de Monceaux, était, en 1410, sous la tutelle de Durable

Gestin, sa mère, et, en 1412 et 1413, sous celle de Sévestre du Chaffaut, son oncle. Il mourut après 1436. Il avait épousé noble demoiselle Marie de Rochefort, dame de la Benaste, première femme de chambre de Marguerite de Bretagne, première femme du duc François II, fille de Guion de Rochefort et nièce dudit Guillaume de Rochefort.

Leurs enfants furent :

1º Bertrand du Chaffaut, sgr du Chaffaut et de Monceaux, chambellan du duc Pierre de Bretagne, chlr de l'Hermine (1451-1475).

2º Guillaume du Chaffaut, docteur en théologie, archidiacre de Nantes, sgr du Chaffaut et de la Marzelle, en 1467.

3º Olivier, qui suit.

4º Pierre du Chaffaut, prêtre, docteur en droit canon, élu évêque de Nantes, le 10 mai 1477.

5º Sévestre du Chaffaut, écuyer, sgr de la Sénardière en Poitou et dont les descendants firent des preuves de noblesse devant l'un des Chérin, en nov. 1786, pour les honneurs de la Cour.

6º Catherine du C., qui épousa, le 23 déc. 1443, Martin des Bretesches, écuyer, fils de feu Jean des Bretesches, chlr, sgr de Doulcerie.

VI. Olivier du Chaffaut, écuyer, sgr du Chaffaut, de Monceaux et de la Limouzinière (1471-1483), paraît avoir recueilli la succession de ses deux frères aînés. Il eut des contestations avec Bertrand du Pouëz, chlr, sgr de la Moricière, à la suite desquelles il obtint un arrêt du Conseil du duc de Bretagne François, comte de Montfort, de Richemond, d'Étampes et de Vertus, du 27 mai 1473, qui établit « que les épouses et filles des sgrs du Chaffaut avoient « assiette en l'église de Saint-Philbert, pour ouïr le service « divin, au chœur et chanceau [1] de lad. église, du côté de « l'évangile, et qu'elles y avoient un banc en un lieu appelé *le* « *lieu des dames du Chaffault.* » Il résulte aussi de cet arrêt que les sgrs de la Moricière avaient également dans lad. église un banc appelé *le banc de la Moricière. (Arch. de la Vignette.* Copie originale du 22 mai 1635.)

Le 4 févr. 1474, Olivier du Chaffaut rendit aveu et dénombrement de la sgrie du Chaffaut, mouvante de la Benaste, à ses suzerains : haut et puissant sgr François de Chauvigny,

---

1. Chanceau, chancel ou cancel : endroit du chœur d'une église le plus proche du grand autel et ordinairement fermé d'une balustrade.

sire de Retz, vicomte de Brosse, et haute et puissante dame Jeanne de Retz, femme de ce dernier, sgr et dame de la Benaste. *(Arch. de la Moricière.* Copies originales sur papier des 4 mai 1628 et 7 mars 1635.)

Olivier du Chaffault avait épousé, le 2 janv. 1481, Catherine de Pont-Labbé, fille de Jean, baron de Rostrenen, et de feue Anne de Penhoët ; il eut de cette alliance :

VII. Jean du Chaffaut, écuyer, sgr du Chaffaut, de Monceaux et de la Limouzinière, qui, le 29 mai 1495, rendit aveu de la prée du Chaffault, mouvante noblement de la Benaste, à haut et puissant sgr André de Chauvigny, sgr de Chauvigny, de Châteauroux, de Briollay, vicomte de Brosse et sgr de la Benaste. *(Arch. de la Vignette.* Parchemin original.)

Jean du Chaffaut épousa demoiselle Agnès de Saint-Marsault, dont il eut, entre autres enfants :

1º Catherine du Chaffaut, qui épousa, le 23 mai 1520, Christophe Brécel, sgr de la Seilleraye et de Clermont, sénéchal de Nantes, maître des requêtes de la maison de la Reine.

2º Marie du Chaffaut, dame du Chaffaut et de Monceaux, qui épousa, avant 1517, Guillaume de Lespinay, dont l'article suit.

I. Guillaume de Lespinay, écuyer, sgr du Chaffault, de Monceaux, — de Mallary, *aliàs* Malarit, par. de Plessé, de 1517 à 1544, et qui laissa de son mariage avec Marie du Chaffault, entre autres enfants :

II. Pierre de Lespinay, écuyer, sgr du Chaffault, de Monceaux, de la Limouzinière et de la Marzelle (1550-1583), et qui épousa, en 1563, demoiselle Aliénor ou Léonor du Perreau, dont il eut entre, autres enfants :

III. Samuel de Lespinay, 1ᵉʳ du nom, chlr, sgr du Chaffault, de Monceaux, — de Briord et du Pré-Nouveau, par. du Port-Saint-Père (1596-1629), laissa de son mariage avec demoiselle Suzanne des Roussières :

IV. Samuel de Lespinay, IIᵉ du nom, écuyer, sgr du Chaffault, de Monceaux, de Briord et de la Limouzinière, rendit aveu et dénombrement, le 8 juin 1630, des sgries du Chaffault et de la Limouzinière, mouvantes de la Benaste, à très haut et très puissant sgr messire Henry de Gondy, duc de Retz, pair de France, chlr des deux ordres du Roi, sgr de la Benaste. *(Arch. de la Moricière. Copie originale du 21 mai 1671.)*

Par sentence du 12 juil. 1642, il fut maintenu en la possession du droit d'avoir un banc, du côté de l'Évangile, dans l'église de Saint-Philbert-de-Grand-Lieu. Il résulte aussi de cet acte que les sgrs de la Moricière jouissaient également de ce privilège. *(Arch. de la Vignette.)*

Samuel de Lespinay fut marié deux fois : la première avec Antoinette Jousseaume, la seconde avec Françoise de la Tousche. Du premier mariage il eut :

1º Charles, qui suit.

Et du second mariage :

2º Anne-Hyacinte de Lespinay, femme, en 1670, de N... de Langle, sgr de la Biliais, par. de Saint-Etienne-de-Montluc, au diocèse de Nantes.
3º Renée de Lespinay, qui épousa, par contrat du 20 sept. 1646, N..., sgr des Chauvières, demeurant en sa maison noble de la Cantinière, par. de Saint-Hilaire-de-Loulay, diocèse de Luçon, en Poitou.

V. Charles de Lespinay, écuyer, sgr de Briord, de Monceaux, du Chaffault, de la Limouzinière et du Pré-Nouveau, chlr des deux ordres du Roi, vendit, en 1662, la partie de la sgrie du Chaffault, située en la par. de Bouguenais[1], à Pierre Noblet, sgr de Lespau, avocat général en la Chambre des Comptes de Bretagne. Il fut déclaré noble et issu d'ancienne extraction par arrêt des commissaires de Bretagne du 31 oct. 1668. Après sa mort, ses terres de Monceaux et du Chaffault furent saisies et acquises judiciairement au présidial de Nantes, le 11 avril 1671, par Jean Gabard, IVe du nom, sgr de la Moricière, qui, le 15 mai 1575, rendit foi et hommage de la sgrie du Chaffault, mouvante de la châtellenie de la Benaste, membre dépendant, comme nous l'avons déjà dit, du duché de Retz, à haut et puissant sgr messire Pierre de Gondy, duc de Retz. *(Arch. de la Moricière et de la Vignette. Parch. originaux.)*

Pour la suite de l'histoire de la sgrie du Chaffault, nous

---

1. Autres possesseurs de cette partie de la sgrie du Chaffault : 1731, Jean-Henri Guilho, avocat général en la Chambre des Comptes ; 1770, Honoré Chaurand, secrétaire du Roi en la chancellerie du Parlement de Bretagne.

renverrons à la généalogie de la famille Gabard, que nous avons donnée à notre article sur la sgrie de la Moricière.

Comme nous l'avons déjà expliqué, page 26, la sgrie du Chaffault est entrée dans la famille Juchault par l'alliance, en 1703, de Christophe Juchault, 11º du nom, avec Geneviève-Marquise-Prudence Bouhier de la Verrie, fille de messire Charles-Gabriel Bouhier, chlr, sgr de la Verrie, et de Renée Gabard, et nièce de Charles-Prudent Gabart, dernier représentant de cette famille.

Le 17 déc. 1760, Christophe Juchault, écuyer, sgr de la Moricière, du Pied-Pain, du Chaffault et des Jamonières, rendit aveu et dénombrement au Roi de ces différentes sgries. Voici la copie en extrait du passage de cet acte relatif à la sgrie du Chaffault :

(Dénombrement de la) « maison noble, terre et seigneurie et « juridiction, haute, moyenne et basse du Pesle du Chaffaut « en Saint-Philbert de Grand-Lieu.

« Le lieu noble du Pesle du Chaffaut, consistant en
« deux corps de logis à présent tombés par terre par caducité,
« lesquels sont joignans la Chapelle qui est dans le grand
« cimetière de Saint-Philbert, laquelle chapelle avec ledit
« cimetière sont des fondations des seigneurs de Monceaux
« et du Chaffaut.

« (Suit l'énumération des) hommages et rachapts dûs à la-
« dite seigneurie du Pesle du Chaffault..., avec les rentes
« par grains et deniers, sur le village de la *Grande-Guitière*,
« sur la métairie de la *Goulardière*, sur le lieu et maison
« noble de la *Noue-Pourceaux*...

« A laquelle terre et seigneurie du Pesle du Chaffaut et de
« Monceaux, en ladite paroisse de Saint-Philbert de Grand-
« Lieu, appartient le droit d'avoir au chœur de l'église parois-
« siale dudit lieu, du côté de l'Evangile, un banc à queue et
« accoudoir, avec les honneurs et prééminences y dûs et
« accoutumés. » (*Arch. de la Vignette*. Papier original.)

Comme on a pu le voir par ce qui précède, la chapelle funéraire du Chaffault, dans le cimetière de Saint-Philbert de Grand-Lieu, fut une fondation des anciens sgrs du Chaffault, en 1391; elle devint la propriété de la famille Juchault par le mariage de Christophe Juchault, 11º du nom, écuyer, sgr de la Moricière, avec Geneviève-Marquise-Prudence Bouhier de la Verrie, qui lui apporta la sgrie du Chaffault et ses dépendances. (Voir page 26.) De temps immémorial, cette chapelle a toujours servi au culte, sauf pendant la Révolution. Les curés successifs de Saint-Philbert y ont constamment dit la messe, confessé et fait le catéchisme.

En 1821, le général de la Moricière, alors mineur, perdit son père, possesseur de lad. chapelle où ce dernier fut inhumé auprès de ses ancêtres. Peu après, la commune de Saint-Philbert-de-Grand-Lieu éleva des prétentions à la propriété de l'édifice, ne voulant reconnaître que le droit d'enfeu à la famille de la Moricière. Ces contestations durèrent longtemps. En 1847, après dix-huit années passées en Afrique, le général revint en France et voulut faire exécuter certains travaux nécessaires à la chapelle. La commune s'y opposa et le général dut en conséquence entreprendre un procès pour revendiquer ses droits. Un des grands arguments de la commune était que la chapelle ayant toujours servi au culte, si la commune n'en était pas propriétaire, la famille de la Moricière pourrait la fermer à son gré. Le tribunal de Nantes rendit, le 21 janv. 1848, un jugement qui donna gain de cause au général en lui reconnaissant la propriété de la chapelle. En 1852, le général, alors exilé à Bruxelles, tout en maintenant et conservant ses droits de propriété, autorisa le curé de Saint-Philbert à exercer le culte dans la chapelle du Chaffault, autorisation qui a été maintenue. De sérieux travaux de réparations ont été poursuivis après ces débats jusqu'en 1858, année de la rentrée du général en France. Le 16 décembre de cette année, la chapelle fut solennellement bénite, en présence d'un grand nombre d'habitants de la contrée, par l'abbé Richard, grand-vicaire de Nantes, actuellement archevêque de Paris et cardinal, délégué pour cette bénédiction par Mgr Jacquemet, évêque de Nantes, retenu par sa santé.

La chapelle du Chaffaut contient les restes d'un certain nombre de membres de la famille Juchault et des familles auxquelles elle s'est alliée. Le corps du général de la Moricière y repose actuellement (1896).

Elle porte sur sa façade les armes des familles Juchault et du Chaffaut ainsi que cette inscription :

D. N. Jesu Christo primogenito ex mortuis, spei nostræ,

sub patrimonio Virginis Dei parœ immaculatœ ac Sancti Michaelis archangeli.

. A l'intérieur, au-dessus de l'autel, se trouve l'inscription suivante : *Beati qui in Domino moriuntur.*

De l'ancienne sgrie du Chaffault, il ne reste plus que cette chapelle et le *moulin du Chaffaud*.

Comme nous l avons fait pour la Moricière, nous allons, en terminant cette notice, donner quelques notes sur les dépendances du Chaffaut.

La Grande-Guittière, village en la par. de Saint-Philbert-de-Grand-Lieu et dépendance roturière de la sgrie du Chaffaut. Guillaume Gouy était sr de l'hébergement de la Guittière, le 25 sept. 1409. Les tenanciers du village de la Guittière en rendirent aveu, le 24 nov. 1703, à Charles-Prudent Gabart, sgr du Chaffaud. *(Arch. de la Moricière, n° 9. Papier original.)*

La Noë [1] *(aliàs* La Noue*)*-Pourceau, maison noble en la par. de Saint-Philbert-de-Grand-Lieu et dépendance de la sgrie du Chaffault. Elle doit la seconde partie de son nom à la famille Le Porc, qui la possédait au xiv° siècle.

Le mardi avant la Saint-Mathieu 1377, Sévestre Le Porc en rendit aveu au sgr du Chaffaut.

Le 25 juin 1409, Jeanne Le Vayer, veuve de Sévestre Le Porc et tutrice de Jehan Le Porc, leur fils, rendit foi et hommage de l'hébergement de la Noë-Pourceau, mouvant de la sgrie du Chaffaut, à Durable Gestin, tutrice de Sévestre du Chaffault, son fils.

Sgrs de la Noë-Pourceau : André Gouy, écuyer, fils de Jean Gouy (1424-1451); Sévestre Gouy, 1455; Robert Gouy, 1476;

---

1. « *Noa, noha, noda*, dans la basse latinité, désigne une terre un peu humide et « grasse et servant de pré ou de pâture ; ce mot est d'origine celtique. *(Dict. de* « *Trévoux*, V, 1045.) « On nomme *noue* ou *noë* un lieu bas et humide; dans le départ. « de la Loire-Inférieure, les petites dépressions de terrain de ce genre se rencontrent à « chaque pas; aussi beaucoup de localités s'y appellent-elles la Noue ou la Noë. *(Revue des prov. de l'Ouest*, mai 1855, p. 656, et Oscar de Poli, *Précis généalogique de la maison de la Noue*, p. 1.)

Gilles Gouy, chlr, sgr aussi du Branday et de Launay (1530-1535). *(Arch. de la Vignette.* Parch. originaux.)

La Noë-Pourceau passa ensuite dans les familles du Pouëz et du Bec par des alliances que nous avons relatées à notre article sur la sgrie de la Moricière, p. 53.

Le 14 oct. 1593, devant Boucaud et Charier, notaires royaux à Nantes, noble et puissant Joachim de Sévigné, sgr d'Olivet, de la Baudière et des Rochers, et Marie de Sévigné, sa femme, vendirent la maison noble, terre et appartenances de la Noë-Pourceau, à honorables personnes Jean Pillays, sieur du Genestay, Guillaume Brochard, sieur de la Souchais, Étienne Viau, sieur de la Maillère, et autres. *(Arch. de la Vignette.)*

Sgrs ensuite de la Noë-Pourceau : honorables hommes Michel Pillays, 1630-1640; Jean Pillays, 1643; noble homme Jacques Le Court, 1675; Jacques de Hody, capitaine-lieutenant d'une compagnie de milice bourgeoise de Nantes, 8 mai 1734. *(Ibidem* et *Arch. de la Moricière,* n°s 7, 14 à 23, 27 et 129.)

Le Rocher, terre et maison, mouvantes de la sgrie du Chaffault, appartenait, en 1678, à noble et discret Jean Mélient, recteur de la par. de Couëron. (Arch. nat. P. 1663, f° 387.)

7 sept. 1744. Aveu et dénombrement rendu à messire Christophe-Prudent Juchault, chlr, sgr du Chaffaut, *etc.*, par noble homme François-Julien Hubert, sieur du Rocher, demeurant en sa maison du Rocher, par. de Saint-Philbert, héritier de noble homme Jean Hubert, sieur de la Getière *(sic),* son père, avocat en Parlement, et de damoiselle Jeanne Hubert, sa sœur, de diverses rentes féodales dues originairement à la maison de la Noë-Pourceau et depuis transmises à celle du Rocher, mouvante de la sgrie du Chaffaut. *(Archives de la Moricière,* n° 12. Parchemin original.)

CLERMONT

Cette ancienne sgrie, dont le nom s'est aussi écrit Clairmont, était située en la par. du Cellier[1], évêché de Nantes, avec droit de moyenne justice. Seigneurs : avant 1446, Thébaud de Clermont; 1446, Jean de Bocigné. (*Bibliothèque Nationale*. Ms français 8311, f° 250 verso, et 22.320, p. 37); 1513, 1520, Guillaume de Bocigné ; 1523, 1537, Christophe Brécel, sénéchal de Nantes, sgr de la Seilleraye, et qui épousa Catherine du Chaffault, dont : Mathurine Brécel, qui fut mariée, en 1550, avec noble personne Jean Chenu ; 1680, Hardi Chenu, sgr de Clermont. De la famille Chenu, sgrs de Lendormière, Clermont passa dans celle de Nicolas de Claye par le mariage, devant Lebreton aîné et Alexandre, notaires royaux à Nantes, le 8 sept. 1701, de Madeleine Chenu avec messire Germain Nicolas, chlr, sgr de Claye ; 1719, Madeleine Nicolas de Claye, dame de Clermont et épouse de François-Marie de la Bourdonnaye, marquis de Liré. La sgrie de Clermont est ensuite entrée dans la famille Juchault par suite du mariage de Louis-Marie Juchault des Jamonières, 1er du nom, avec Rosalie de la Bourdonnaye. (*Arch. de la Vignette*. Nombreux documents.)

Nous rappellerons aussi qu'un majorat, avec titre de baron, a été institué, en 1826, sur les terre et château de Clermont, en faveur de la branche des Jamonières de la famille Juchault.

---

1. Les *Anciennes Réformations de Bretagne*, ms français 8311 de la Bibliothèque nationale, mentionnent, au folio 250 verso, *l'hostel de Jean du Cellier, noble*. Nous avons aussi trouvé aux Archives de la Vignette : vénérable et discret messire François Feillet, prieur et recteur de la par. du Cellier (1621-1639) ; noble homme, vénérable et discret messire Guillaume Le Brun, prieur commandataire du prieuré de Saint-Philbert-du-Cellier, 8 mai 1579. Les bâtiments de cet ancien prieuré existent encore ; ils servent actuellement de ferme et appartiennent en partie à M. le baron Juchault des Jamonières.

LA JARRIE

Ancienne sgrie en la par. de la Chapelle-Basse-Mer, évêché de Nantes. En furent sgrs ou dames : 1459 et 27 nov. 1469, nobles personnes François du Viel et demoiselle N... Le Bel, sa femme, sgr et dame aussi du Boays (du Bois); 17 déc. 1481 et 16 avril 1482, honorable et sage maître Jehan Blanchet, s^r aussi de la Guillebaudière ; Jeanne Thomas, 1500; Gilles de Peillac, 1535; Charles des Ridelières, 1548; damoiselle Jeanne du Gué, veuve de noble homme Jean Goulet, sieur du Pin, de Loiselinière, de la Grande-Noë et de la Jarrie, père et mère, selon toute probabilité, de Jeanne Goulet qui épousa Christophe Juchault, 1er du nom (voir page 16); messire Christophe Juchault, chlr, cons^r du Roi en ses conseils d'État, président en la Chambre des Comptes de Bretagne, 15 avril 1649; Nicolas Ballet, secrétaire du Roi, 1690 ; Philippe-Vincent Roger de la Mouchetière, lieutenant général de l'amirauté de Nantes, 19 janv. 1781. *(Arch. de la Loire-Inférieure.* E. 464, et E. de Cornulier, *Dictionnaire des terres du comté Nantais.)*

MONCEAUX

Cette ancienne sgrie était assise en la par. de Saint-Philbert-de-Grand-Lieu, évêché de Nantes, et comprenait les lieu et manoir de Monceaux, avec ses dépendances, ainsi que les métairies de la Brosse-Tenau, de la Goyenderie (actuellement la Goillandrie), du Grand-Marais, de la Michellerie, des Mortiers, du Moulin, de la Ratonnière et de la Grande-Tournerie.

Elle relevait à foi et hommage, aveu et dénombrement de

la châtellenie des Huguetières, autrement appelée Châteaubriant et Pont-Saint-Martin.

Elle a appartenu successivement aux familles du Chaffaut[1], de Lespinay, Gabard et Juchault, et son histoire se confond avec celle de ces familles, que nous avons longuement retracée. Nous nous bornerons en conséquence à renvoyer à la table du présent volume au nom de Monceaux et à relater les deux actes suivants :

Le 18 janvier 1777, messire Jean-Baptiste Juchault, chlr, sgr de Lorme et de Monceaux, rendit, devant Picard, notaire de la ville de Saint-Philbert-de-Grand-Lieu, déclaration et minu de la sgrie de Monceaux à son suzerain, très haut et très puissant sgr Gabriel-Louis de Neufville, duc de Villeroy, de Retz, capitaine de la première et plus ancienne compagnie des gardes du corps de Sa Majesté, maréchal des camps et armées du Roi et sgr des Huguetières. Ce dénombrement comprend les lieu et manoir de Monceaux, avec ses maisons, chapelle, colombier, pressoir, celliers, jardins, avenues, bois de haute futaie et garennes, ainsi que les métairies de la Ratonnière, du Moulin et de la Grande-Tournerie. (*Archives de la Loire-Inférieure*. E. 497 et 931. Parchemin original.)

27 avril 1529. Règlement de compte pour les moulins banaux du Chaffault et de Monceaux entre noble écuyer Guillaume de Lespinay, sgr de Monceaux et du Chaffault, d'une part, et Jehan Probin et Mathurin Moulnier, meuniers, d'autre part. (*Arch. de la Moricière*, n° 6. Parchemin original.)

Le château de Monceau appartient actuellement au comte Marie-Antoine-*Octave* d'Escrots d'Estrée, dont le grand-père, Claude-Antoine d'Escrots d'Estrée, avait épousé Marie-Rosalie Juchault de la Moricière. (Voir page 30.)

---

1. La sgrie de Monceaux paraît être venue aux du Chaffaut par le mariage, vers 1270, de Marie Barnel avec Sévestre du Chaffaut, 1er du nom.

LE PIED-PAIN

Cette ancienne sgrie, dont le nom est souvent écrit Piépain et même Puypain par erreur, était assise en la par. de Saint-Philbert-de-Grand-Lieu, évêché de Nantes, et avait droits de justice, haute, moyenne et basse, de lieu patibulaire, de tabellionnage et par suite de sceau, de moulin banal, lods et ventes, épaves, gallois, déshérence, bâtardise, tutelle, curatelle et rentes seigneuriales sur la terre noble de l'Hommelais, sur les villages de l'Angibauderie, de la Biretterie, de la Compointrie, des Grandes et des Petites Crespelières, de la Logerie, de la Meillerie, plus tard appelé la Soherie, du Plessis-Pilaton, ainsi que sur le moulin Gaillard, les Petites et les Grandes Jarries, le ténement de l'Herbretière et la Lande-Moynard ou Mesnard.

La sgrie du Pied-Pain releva d'abord prochement et noblement des ducs de Bretagne; elle releva ensuite, aux mêmes titres, des rois de France, après la réunion de la Bretagne à la Couronne en 1491.

Sgrs et dames du Pied-Pain : 1426, Sévestre de Grézy; 1435, 1451, Guyonne de Grézy, femme de Roland de Lannion; 1468, Jean de Lannion; 1509, François de Lannion; 20 avril 1550 après Pâques, haute et puissante dame Mathurine Augier, dame aussi de Cépeaulx et de Mausson; 1554, 1565, 1571, noble homme Claude de Lannion, écuyer, sgr aussi de Cruguil et des Aubrays *(Arch. de la Moricière*, n° 64); 1578, noble homme Jacques de Trélan, sgr aussi de la Porte; 18 avril, 9 mai, 1er juil. 1599 et 25 mai 1605, noble et puissant messire Étienne de Faye, chlr de l'ordre du Roy, et damoiselle Françoise Gaignard, son épouse, sgr et dame de Fouesnard, par. de Château-Thébaud, de la Favetterie, du Plessis-Garnier et du Pied-Pain. (*Ibidem*, n°s 65, 66 et 73).

Le 30 mai 1625, devant Jahanneau, notaire royal à Nantes, messire Charles de Vaucelles, écuyer, sieur de la Varenne, de la Plaine-Soudun, de la Guillonnière, du Plessis-Garnier, gentilhomme ordinaire de la Chambre du Roi, et dame Françoise Gaignard, son épouse, sgr et dame du Pied-Pain, vendirent à Jean Gabard, écuyer, sieur de la Moricière, pour la somme de 9,000 livres, les maison noble (tombée en ruine), terre, sgrie, juridiction haute, moyenne et basse du Piépain, avec différents droits seigneuriaux sur les dépendances que nous avons énumérées au début de cet article. (*Arch. de la Vignette*. Papier et parch. originaux.)

A l'extinction des Gabard, la sgrie du Pied-Pain passa aux Juchault, par le mariage, en 1703, de Christophe Juchault, IIe du nom, avec Geneviève-Marquise-Prudence Bouhier de la Verrie, héritière des Gabard. (Voir page 26.)

Le 17 déc. 1760, Christophe-Prudent Juchault, chlr, sgr de la Moricière, de Monceaux, des Jamonières, du Chaffault et du Pied-Pain, fils des précédents, rendit aveu et dénombrement de ces diverses sgries au Roi. Voici le passage de cet acte relatif au Pied-Pain :

(Dénombrement des) « maison noble, terres et seigneurie,
« fief et juridiction, haute, moyenne et basse du Puipain, à
« présent appelée *Piépain*, située en la par. de Saint-
« Philbert-de-Grand-Lieu.....

« Premier : la MAISON NOBLE DU PIÉPAIN, tombée par cadu-
« cité.....

« (Suit le détail des rentes seigneuriales dues au Pied-Pain)
« sur les villages du *Piépain*, du *Plessix-Pillaton*, de la
« *Compointerie*, de la *Millerie*, à présent la *Sorie*, de l'*An-
« gibaudière*, la *Lande-Moynard*, les villages de la *Birétrie*,
« de *Logerie*, des *Grandes* et *Petites Crespelières* et de
« *Lhommelais*, et sur le lieu de la *Jarie*, en la paroisse de
« N.-D. de la Limousinière.

« A laquelle terre et juridiction de Piépain appartient un
« moulin à vent appelé *Le Moulin Neuf*, situé proche la
« maison des Jamonnières, auquel les vassaux et étagers [1]
« sont obligés de faire moudre leurs grains.

« Comme aussi appartient à ladite seigneurie sur tous les
« ténements ci-devant spécifiés, situés sous ladite juridiction
« du Piépain, le quart des dixmes de laines, agneaux, veaux
« et pourceaux.

---

1. Sujets d'une sgrie.

« Sont aussi tenus et obligés tous les vassaux de ladite
« juridiction d'assister à la garde des criminels de ladite juri-
« diction et les conduire au lieu patibulaire.

« En l'étendue de laquelle juridiction du Piépain ledit
« seigneur a droit de lods et ventes au denier six, droit
« d'épaves, gallois, successions de bâtards, déshérence,
« tutelle, curatelle et autres droits appartenans à seigneur
« haut justicier.

« Pareillement droit d'avoir, pour l'exercice de sadite juri-
« diction du Piépain, ses officiers, savoir : sénéchal, procureur
« fiscal, greffier, notaires, procureurs et sergents. » *(Archives de la Vignette*. Papier original.)

Il ne reste plus rien actuellement de l'ancien manoir du Pied-Pain, déjà tombé en ruine en 1625, comme nous l'avons dit plus haut.

L'Angibauderie, *aliàs* la Peublerie en 1625, (sans doute actuellement La-Haie-Angebaud), village en la par. de Saint-Philbert-de-Grand-Lieu, dans la mouvance de la sgrie du Pied-Pain. Les tenanciers de ce village en rendirent aveu et dénombrement, le 9 mai 1599, à Etienne de Faye, chlr de l'ordre du Roi, et damoiselle Françoise Gaignard, son épouse. *(Arch. de la Moricière*, n° 65. Parch. original.)

La Biretterie, village dans les mêmes par. et mouvance. Écrit Biretrie, 1599; Biretrye, 1627. Le tenanciers en rendirent aveu et dénombrement aux mêmes sgr et dame du Pied-Pain, le 1er juil. 1599; à Jean Gabard, sieur du Pieppain, le 24 oct. 1627. (*Ibidem*, n°s 73 et 74, parchemins originaux, le premier scellé du sceau de la cour du Piedpain (une levrette).

La Compointrie, village en la même par. et dans la même dépendance, (actuellement à 800 mètres au nord du Pied-Pain). Ecrit La Compointerie, 1571, 1629; La Compainctrie, 1599, 1627; La Compointrie, 1703-1774. Aveux roturiers : le 18 avril 1599, aux mêmes sgr et dame ; le 31 août 1627, à Jean Gabard ; le 18 avril 1645, à Jean Gabard ; le 8 avril 1703, à Charles-Prudent Gabart ; le 27 juin 1774, à messire Christophe-Prudent Juchault, écuyer, chlr, sgr du Piépain, etc. *(Ibid.*, n°s 64 et 76 à 84. Parch. et pap. originaux.)

Les Grandes et les Petites Crespelières, (actuellement La Crespelière, à 4 kilom. au sud-est du Pied-Pain), villages en la même par. et dans la même dépendance. Aveux : le 27 déc. 1571, à noble homme Claude de Lannion, écuyer, sgr du Piedpain; le 29 oct. 1627, par honorable homme Julien Pichon, sieur de la Pillatière, à Jean Gabard, écuyer, sieur du Piépain, et à messire Jean de Lannion, chlr de l'ordre du Roi, sieur des Aubrays. *(Ibid.*, n°s 64, 95 et 97. Parch. et pap. originaux.)

L'Herbretière, ténement en la même par. et dans la même dépendance.

16 oct. 1631. Arpentement par J. Geoffreau, notaire et gaulayeur de la cour du Piépain, du ténement de l'Herbretière, mouvant du couvent de Villeneuve et des sgries du Piépain et des Aubrais. *(Ibid.*, n° 98.)

L'Hommelais, terre et métairie en la même par., mouvantes roturièrement de la châtellenie de la Benaste et de la sgrie du Piedpain, (actuellement à 1 kilom. 900 m. au sud-est du Piedpain).

En étaient sieurs : Jean Moynard, 8 juin 1630 ; noble Jean Moynard, avocat, 1678. (Arch. Nat. P. 1663, f° 295.)

14 avril 1731. Aveu et dénombrement des lieu et métairie de Lhommelais par noble homme Pierre Thibaudeau, avocat à la Cour, sénéchal de plusieurs juridictions, demeurant à Sainte-Croix-de-Machecoul, tant en son nom qu'en celui de demoiselles Françoise, Madeleine et Marie-Jacquette Moynard, petites-filles et héritières de Jean Moynard, à Mgr Louis-Nicolas de Neufville, duc de Villeroy et de Retz, pair de France, sgr de la Benaste, membre dépendant du duché de Retz. L'avouant et ses consorts confessent devoir à la sgrie du Piépain un demi-boisseau de seigle et un demi-boisseau d'avoine, payables chacun an, le mardi avant la Noël. Le sgr du Piépain en échange est tenu, de temps immémorial, de donner à dîner aux avouants, lorqu'ils lui apportent lad. redevance.

4 août 1781, 15 juil. 1784 et 23 mars 1785. Gabriel Reliquet, sieur du Garré et de Lhommelais, héritier de noble homme François Reliquet. Reconnaissances féodales de Lhommelais aux Juchault, sgrs du Piépain. (*Arch. de la Moricière*, n°s 7, 97, 100 à 103. Parch. et pap. originaux.)

LA LANDE-MOYNARD, dépendance de la sgrie du Pied-Pain ; doit probablement son nom à la famille Moynard qui a possédé L'Hommelais. (Voir l'article précédent.) Ecrit Lande-Mesgnard, 20 avril après Pâques 1550. Aveu à cette date. (*Ibidem*, n°s 117 et 122. Parch. originaux.)

LA LOGERIE, village en la par. de Saint-Philbert-de-Grand-Lieu, mouvant roturièrement de la sgrie du Pied-Pain, (actuellement à 600 m. au nord-est du Pied-Pain).

11 juin 1582. Aveu par les tenanciers de ce village à noble homme Jacques de Trélan, sgr de la Porte, tuteur de Françoise Gaignard, dame du Piépain.

Autres aveux aux sgrs du Pied-Pain : 2 mai 1599, à Etienne de Faye, chlr de l'ordre du Roi, et à son épouse, Françoise

Gaignard ; 16 sept. 1627, à Jean Gabard ; 18 avril 1645, à Jean Gabard ; 23 oct. 1775 et 10 sept. 1776, à messire Christophe-Prudent Juchault, écuyer, chlr, sgr du Pied-Pain, de la Moricière, etc., et à messire Christophe-Jacques-Prudent-Gilbert Juchault, chlr, sgr de la Moricière. (*Ibid.*, n°s 64 et 104 à 114. Parch. et pap. originaux.)

Le Plessis-Pilaton, village en la même par., dépendant pour moitié de la même sgrie.

L'autre moitié dépendait de la Moricière.

(*Ibid.*, n°s 64 et 118. Pap. et parch. originaux des 27 déc. 1571 et 16 déc. 1629.)

La Soherie (on prononce actuellement dans le pays *Sourie*), village en la même par. et mouvant de la même sgrie, (actuellement à 2 kilom. 150 m. à l'ouest du Pied-Pain), s'appelait, en 1550, la Meillerie.

Aveux rendus aux sgrs du Pied-Pain déjà nommés par les tenanciers de ce village : 8 sept. 1584, 1er juil. 1599, 24 et 28 oct. 1627, 13 déc. 1644, 3 mars, 1er et 16 avril 1692. (*Ibid.*, n°s 64 à 71, 74, 75, 120 à 128. Pap. et parch. originaux.)

LE PLESSIS-GRIMAUD

Ancienne sgrie en la par. de Saint-Viaud, évêché de Nantes, avec droit de haute justice, et qui doit la seconde partie de son nom à la famille Grimaud qui l'a possédée primitivement. En furent seigneurs : Hémery Grimaud, chlr, 1352; Guillaume G., fils dudit Hémery, 1375; Pierre Grimaud, chlr, 1429, 1460; Jean Grimaud, 1464; Thébaud Grimaud, 1482, 1499; François Grimaud, 1512, 1539; noble et puissant Antoine Grimaud, 1570, 1588; Renée Grimaud, femme dès 1559 de Pierre Héaulme; Charlotte Héaulme, 1600; Catherine Giffart, fille de Marthe Héaulme et femme de Louis de Conigan, 1623; vendue, en 1680, par Claude de la Touche-Limousinière à Jean de Champeaux, sr de L'Hôpitau; Anne de Champeaux, fils aîné du précédent et de Charlotte Raoul, 8 mars 1721. Charlotte de Champeaux, dame du Plessis-Grimaud, épousa 1° François du Bot, sgr de Talhouët, 2° Jacques d'Escoubleau, chlr, comte de Sourdis, avec lequel elle vivait de 1753 à 1757. Elle avait eu de son premier mariage : Jean-Louis du Bot, chlr, sgr de Talhouët et du Plessis-Grimaud, de 1760 à 1775. 12 oct. 1785, haute et puissante dame Jeanne-Marie-Anne du Bot, dame de Talhouët et du Plessis-Grimaud et femme de J.-B. Juchault, chlr, sgr de Lorme et de Monceaux. (De Cornulier. *Dict. des terres du comté Nantais*, et *Arch. départ. de la Loire-Inférieure*. E. 510.)

POUILLÉ

Cette ancienne sgrie, sise en la par. de ce nom, évêché de Nantes, comprenait, en 1656, la maison seigneuriale de la Cour de Pouillé, la Herbaudière, la Papinière, les métairies de la Pelocquinière, de la Cormeraie, de Bulot, de la Haye-Chapeau, et le lieu de la Préansière.

Honorable homme Julien Guibourd, sieur de la Papinière, par. de Pannecé, testa le 1er mars 1618 ; il avait épousé honorable femme Renée Tripon, qui testa le 16 avril 1638 ; ils eurent pour enfants :

- 1º Pierre G., dont la succession fut partagée entre ses sœurs, Françoise et Renée, le 29 oct. 1633 ;
- 2º Françoise G., veuve, à la même date, de maître Gilbert Cosnier, sgr du Boisnouveau, et demeurant au bourg de Ligné ;
- 3º Renée, qui suit.

Renée Guibourg, dame de la Papinière, épousa Guillaume d'Yrodoüer *aliàs* d'Irodoüez, écuyer, sgr de Pouillé et de la Papinière, dont elle eut :

- 1º Guillaume d'Y., prêtre, recteur de Varades ;
- 2º Anne d'Y., épouse d'Alexandre Le Rouxeau, s^r de la Houssaye ;
- 3º Françoise ;
- 4º Marie d'Y., qui fut la femme de François de Chazé, écuyer ;
- 5º Yves, qui suit.

Yves d'Yrodouez, écuyer, avocat en Parlement, sgr de Pouillé et de la Papinière, épousa par contrat du 24 nov. 1664, passé devant Carte et Charier, notaires royaux à Nantes, Jeanne Simon, dame de Créviac en Nozay, dont il eut :

Renée d'Yrodouez, qui épousa, le 19 janv. 1664, Christophe Juchault, 1er du nom, sgr de Lorme, (voir page 24), à qui elle apporta la sgrie de Pouillé.

Le 16 févr. 1713, devant Le Breton, notaire royal à Nantes, Christophe Juchault, IIe du nom, sgr de Lorme, fils du précédent, et Geneviéve-Marquise-Prudence Bouhier de la Verrie, sa femme, vendirent la terre et sgrie de Pouillé à messire Pierre-Jacques Ferron, chlr, sgr de la Ferronays, Saint-Mars-la-Jaille et autres lieux, colonel et mestre de camp d'un régiment de cavalerie et chlr de Saint-Louis.

(*Arch. de la Vignette.* Documents originaux.)

SAINT-PHILBERT DE GRAND-LIEU

(en latin *Sanctus Philibertus de Grandi-Lacu*)

Cette anciennne par. de l'évêché de Nantes comprenait autrefois dans son territoire les villages, terres, métairies et sgries suivants : L'Angibauderie, Les Aubrais, Les Grosses Bariolles, La Bassetière, La Boivelière, Le Breil, Les Bretaudières, La Brosse-Guillou, La Charoulière, La Compointerie, La Crapaudière, Les Grandes et Les Petites Crespelières, Les Grandes-Fontaines, La Goulardière, le lac de Grand-Lieu, La Gravouillerie, La Gresle, La Grue, La Guibretière, La Grande Guittière, La Haie-Riau, L'Herbretière, L'Hermitière, L'Hommelais, Les Huguetières ou Châteaubriant, Les Jamonières, Les Grandes et Les Petites Jarries, La Lande-Moynard, Laujardière, La Logerie ou Le Petit-Troissart, Les Maillères, La Meillerie, appelée aussi La Soherie, La Marousière (actuellement La Marouserie), La Merlinière, La Moillancherie, Monceaux, La Moricière, Le Moulin-Étienne, La Nicollière, La Noë-Pourceau, Le Pesle du Chaffault, Le Pied-Pain, La Pilletière, Le Plessis-Bureau, Le Plessis-Pilaton, La Ponnelerie, Le Le Port-Boussinot, La Poterie, La Provosté, La Retelandière, La Revellerie, Le Rocher, La Rouxière ou La Roussière, Saint-Philbert-de-Grand-Lieu, Saint-Remy, La Souchais, La Tamiserie, Le Verger, Viesques.

D'apres les notes que nous avons recueillies aux archives de la Vignette et de la Moricière et l'excellent ouvrage de M. E. de Cornulier sur les terres de l'ancien comté Nantais, ouvrage auquel nous empruntons en grande partie le dénombrement qui précède, nous allons, en terminant ce long et minutieux travail, dire quelques mots des terres et enclaves de la par. de Saint-Philbert, dont nous n'avons pas eu occasion de nous occuper jusqu'à présent.

Les Aubrais. Ce fief-sgrie s'étendait dans les par. de Saint-Philbert, La Chevrolière et Sainte-Croix de Machecoul. Sgrs ou dames : Roland de Lannion, 1444. Noble homme François de Lannion, 1543, † en mars 1546. Julienne Pinart, tutrice de noble homme Claude de Lannion, fils aîné d'elle et du précédent, 6 juil. 1564. Marie-Urbaine de Maillé-Brézé, veuve de messire François Bonnin, chlr, sgr de Chalucet et d'Arthon, consr du Roi et son lieutenant au gouvernement des ville et château de Nantes, 19 août 1683. René d'Arquistade, sgr aussi de la Maillardière et de Saint-Fulgent, maire de Nantes, 10 mars 1741.

Les Avenaux. En était sr Jean-Mathieu Guyton, ancien capitaine au régiment d'infanterie Royal-Marine, 1er fév,. 1775.

La Bassetière, terre appartenant, en 1679, à Claude de Johannes.

La Grande Bretaudière, dépendance de la sgrie du Chaffault. Srs : Guillaume de Lespinay, 1538. Claude de Lespinay, femme de Jean du Pé, sgr de Liancé, 1670. J.-B. de Couëtus, 1740. De Cornulier, 1853.

La Petite Brétaudière, autre dépendance de la même sgrie, appartenait : 1670, à N... Boux, sr des Chauvinières; 1740, à J.-B. de Couëtus; 1853, à de Cornulier.

Le Breil. Dame: Marie du Chaffault, femme de Guillaume de Lespinay, 1538.

La Brosse-Guillou, terre; en 1679, à Raoul Boucaud, sr de la Bonnaudière.

Les Grandes-Fontaines, terre possédée, en 1679, par Yves des Champsneufs.

Grand-Lieu, lac, appartenance de la châtellenie de Vieillevigne, et qui fut possédée par : Jean Gastineau, chlr, 1359 ; Jeanne Gastineau, femme de Miles de Machecoul, 1380 ; Marguerite de Machecoul, femme de Jean de la Lande, qui prit le nom de Machecoul, 1430 ; Tristan de la Lande, dit de Machecoul, 1460 ; Jean de Machecoul, 1580 ; Marguerite de Machecoul, femme d'Henri de la Chapelle, marquis de la Roche-Giffard, 1656 ; Anne-Claire-Thérèse de la Chapelle, femme de Claude-Philibert-Henri de Damas, marquis de Thianges, 1675 ; Gabriel-Antoine de Crux, s^r de Courboyer, fils de Louise de Machecoul, 1686 ; Éléonore-Gabrielle-Louise-Françoise de Crux, femme de J.-B.-Louis-Victor de Rochechouart, comte de Mortemart, 1733 ; Augustin-François de Rochechouart, marquis de Mortemart, 1742 ; Gabriel-Louis Le Clerc, comte de Juigné au Maine, petit-fils de Louise-Henriette de Crux, 1755 ; Le Clerc, marquis de Juigné, 1791.

La Gresle, terre et métairie dépendant de la Moricière, possédées, en 1678, par Claude Girard, sieur du Plessis (Arch. nat. P. 1663, f° 283) ; en 1774, par Isaac-Pierre Boissière, général des finances.

L'Hermitière, terre appartenant, en 1679, à Marguerite de Bastard, veuve de Jérôme de Chardonnay, s^r de Bicherel.

Laujardière, Lojardiere ou Loriardiere, terre possédée, en 1392, par Jean de la Noë ; en 1678, par noble homme Raoul Boucaud, avocat au Parlement de Bretagne. (Arch. Nat., P. 1663, f° 345.)

Les Maillères, terre appartenant en 1646, 1679, à Jean des Champsneufs, cons^r d'État.

La Marousière, actuellement La Marouserie, terre possédée : par Jean de Châteaubriant, 1340 ; Marguerite de Châteaubriant, femme 1° de Thébaud Augier, 2° d'Édouard de Rohan, 1380 ; Alain de la Touche-Limousinière, 1436 ; Jacques de la Touche, 1546 ; Jean de la Touche, 1603 ; vendue, en 1644, par Thibaud de la Carte, écuyer, s^r de la Provosté, cons^r au présidial de Nantes ; Roland Bidé, maître des comptes, 1665 ; de Couëtus, 1760.

La Merlinière, terre appartenant à Yves de Monti, maître des comptes, 1679.

La Nicollière, terre appartenant à : Gilles Spadine, 1554 ; Clément Guillemet, 1604 ; Jean Moynard, 1618 ; Alexandre Blaye, 1669 ; à noble écuyer Jean-Baptiste du Coudray, sieur de la Ville-Hulin, et à noble Antoine du Souay, sieur de la Noë, 1678 (Arch. nat. P. 1663, f° 305) ; Louise Terrien, femme d'Honoré Pitard, sr du Landas, 1747 ; Joseph Mocquard, sr de la Rivière-Neuve, 1774.

Le Port-Boussinot, terre et basse justice, possédées par Raoul Nicollon, auditeur des Comptes de Bretagne, 1579 ; Philippe de la Presle, sr de Poncé, 1679.

La Provosté, autrement Guyneuve. Possesseurs : Perrot Dranet, avant 1542 ; Damien du Bois, sr de la Ferronnière, 1542 ; Julien Bidé, 1566 ; Claude Le Meneust, 1662 ; Roland Bidé, maître des Comptes, 1673 ; Augustin Pâris, 1717.

Saint-Philbert-de-Grand-Lieu, ancienne sgrie. En furent sgrs : Olivier de Machecoul, 1258-1271 ; Jean de Machecoul, 1308 ; Jean de la Noë, sgr aussi de Lojardière, 1392 ; noble homme Macé Amiot qui, le 10 juin 1436, reçut aveu de Robin Gauteron, sgr de la Porte, pour la Clavelière. *(Arch. de la Vignette).*

Saint-Remy, métairie et domaine.

19 août 1546. Aveu et dénombrement de la maison et métairie de Saint-Romy (*sic*) et de la Guibretière, rendus au sgr de la Benaste par Bertrand du Pouëz, sgr de la Moricière, du Branday et de la Noë-Pourceau. Cet acte mentionne Olivier Babin, sr des Barres. *(Arch. de la Moricière, n° 129. Parchemin original.)*

8 juin 1630. Feu honorable homme Isaac Viau, sieur de Saint-Remy. *(Ibidem, n° 7.)*

N... des Champsneufs, sr de Saint-Remy, 1670.

La Souchais, terre possédée par : Guillaume de la Souchais, 1387 ; Louis Gabard, 1548, 1550 ; vendue par Robert Babin à honorable homme Guillaume Brochard, en 1575 ; Guillaume Brochard, 1631 ; Jacques Maillard, 1641 ; Charles Maillard, 1681 ; Jacques-Antoine Maillard, maître des Comptes, 1761 ; Pierre Maublanc, écuyer, notaire et secrétaire du Roi en la chancellerie de Toulouse, 1774, 1776. (Arch. nat. P. 1663, fos 349, 353 et 357.)

Le Verger, terre possédée par : Jean de Trévecar, 1507 ; Françoise de Trévecar, femme de Jacques de Guémadeuc, 1517 ; Jean Savin, avocat au Parlement de Bretagne, 1679 (*Arch. nat.* P. 1663, fº 275) ; Marie-Perrine Boucaud, femme de René-Pierre-Elie Josnel, sgr de la Navarrière, 1774.

Les Viesques, sgrie avec droit de basse justice. En furent sgrs : Jean des Viesques, 1471 ; Médart de Viesques, sgr aussi de Chasseloire, 1480 ; Patrice de Viesques, femme de Guyon de Coëtlogon, 1486 ; Yves de Coëtlogon, 1542 ; Raoul Nicollon, 1580 ; Jean Terrien, 1601 ; Philippe de la Presle, sgr de Poncé, 1679.

PRIEURÉ
DE SAINT-PHILBERT-DE-GRAND-LIEU

Ce très ancien prieuré, de l'ordre de Saint-Benoît, était placé dans la ville de Saint-Philbert-de-Grand-Lieu et comprenait, au commencement du xviiie siècle, trois corps de logis entourés de fossés pleins d'eau et de fortes murailles. (Biblioth. nationale, ms latin 17092, p. 99 à 103.)

Le 19 avril 1679, messire Maximilien Grangier, abbé de Liverdy, docteur en Sorbonne, prieur commandataire du prieuré de Saint-Philbert-de-Grand-Lieu, rendit déclaration et

dénombrement au Roi des « eglise, cloistre, maisons, jardins,
« terres, heritages, rentes, sensives, debvoir, fieff, sgrie,
« court et jurisdiction » dudit prieuré, le tout tenu « proche-
« ment et noblement du Roy, en fieff d'eglise, francq et
« admorty, debvoir de prieres et oraisons, soubs le domaine
« et comté de Nantes. » Ce dénombrement comprend « l'eglise,
« lieu, manoir et maisons dudict prieuré, sittuez en la ville
« dudict Sainct-Philbert de Grand-Lieu, concistans en antien-
« nes maisons, hautes et basses, chambre, cuisine, despance,
« celliers, greniers, chapitre, clouastres, granges, estables,
« prinsouër à vin, aire et jardins.

« A raison duquel prieuré ledict sieur prieur a, en ladicte
« par. de Sainct-Lumyne de Coustays, haulte, moyenne et
« basse justice sur les terres, rentes et revenus, à raison
« desquelles lui sont deubs lesdicts debvoirs et redebvances
« sur les subjectz, manans et habittans en son fieff en ladicte
« parroisse ».

Item sur certains fiefs de la paroisse du Bignon.

(*Archives nationales.* P. 1661, fos 357 à 413.)

Nous avons rencontré dans le courant de nos recherches les noms des prieurs suivants : 10 mai 1279, frère Guygue, prieur de Noirmoutier et administrateur du prieuré de Saint-Philbert, vacant par la mort de Pierre Langleys. (Marchegay. *Cartulaire des sires de Rays*, p. 32.) Estor Garnier, 1351. François Joubreteau, maître ès-arts, licencié ès-lois, 4 mars 1451. Maximilien Grangier, nommé plus haut, 1679.

Les armoiries du prieuré de Saint-Philbert-de-Grand-Lieu sont ainsi enregistrées dans l'*Armorial officiel de France* de 1696 : *d'argent, à un cor de sable, lié de gueules, accompagné de cinq mouchetures d'hermine de même, 2 en chef et 3 en pointe.* (Ms de la Biblioth. Nationale. Bretagne, reg. II, p. 340, bureau de Nantes.)

Le presbytère de Saint-Philbert-de-Grand-Lieu relevait des sgrs du Chaffault. En rendirent aveu aux seigneurs du Chaf-

fault les recteurs suivants : Pierre Thenaud, 1ᵉʳ mai 1572 ; Pierre Grandjean, 3 juin 1600, 1ᵉʳ juin 1619 ; Jean Grandjean, 8 juin 1630 ; Claude Ragaud, 8 mars 1638 ; Jean Guibreteau, 12 mai 1645 ; Hubert Guibrettau, 17 déc. 1657. *(Archives de la Vignette.)*

LISTE DES PUBLICATIONS

RELATIVES

AU GÉNÉRAL DE LA MORICIÈRE

Les cotes indiquées sont celles de la Bibliothèque nationale.

Notice sur le général Lamoricière, Paris, imp. de Claye, Taillefer et Cⁱᵉ, 1846, in-8°. Pièce. (L n 27) 11264.)

Notice historique et biographique sur le général Lamoricière. (Signé A. H.), Paris, Vente (1848), in-folio plano (Ln 27) 11265.

Biographie du général de Lamoricière. Notice exacte. (Signé : Alexandre Pierre.) Paris, A. Pierre (1848), in-folio plano. (Ln 27) 11266.

Mission de M. le général de la Moricière en Russie, en 1849. Paris, Jouaust, in-8° de 44 p. *(Arch. de la Vignette.)*

Le général de Lamoricière par Hippolyte Castille, dans ses « Portraits politiques au xıxᵉ siècle » (1858).

Le général de La Moricière par le vicomte de Meaux. Extrait du Correspondant, Paris, C. Douniol, 1860, in-8°, pièce. (Ln 27) 11267.

Le général de Lamoricière et l'armée pontificale par Paul Fraissynaud. Paris, E. Dentu, 1863, in-18. (Ln 27) 11268.

Le général de la Moricière par le comte de Montalembert. Paris, Douniol, 1865, in-8° de 32 p.

Le général de la Moricière de Nantes. Extrait du journal

Le Breton des 28 et 29 oct. 1837. Nantes, autographie de Montagne (1865), in-4°. Pièce. (Ln 27) 23287.

Notice sur la mort du général de la Moricière. Nantes, Libaros, 1865, in-12. Pièce. (Ln 27) 22027.

Notes biographiques sur le général de la Moricière par Eugène de la Gournerie. Nantes, imp. de Forest et Grimaud, 1865, in-8°. Pièce. Extrait de la Revue de Bretagne et de Vendée. (Ln 27) 22028.

Noticia sobre o general de La Moriciere por Romualdo de Seixas Baroso, natural de Bahia. Paris, Morizot, 1865, in-18. Pièce. (Ln 27) 22860.

Hommage à la mémoire du général de la Moricière. (Signé : comte de Villebois, sept. 1865). Angers, imp. de Lachèse, Belleuvre et Dolbeau (1865), in-8°. Pièce. (Ln 27) 23311.

Allocution prononcée par Mgr l'évêque de Poitiers (Pie) à la suite du service funèbre célébré dans la cathédrale à l'intention du général de la Moricière. Poitiers, Oudin, 1865, in-16. Pièce. (Ln 27) 21981.

Le général de la Moricière par Saint-Marc-Girardin, dans le *Journal des Débats* du 8 octobre 1865.

Oraison funèbre du général de la Moricière, prononcée dans la cathédrale de Nantes, le mardi 17 oct. 1865, par Mgr l'évêque d'Orléans (Dupanloup). Paris, Douniol, 1865, in-16. (Ln 27) 21983.

Souvenir du service solennel célébré dans la cathédrale de Clermont-Ferrand, le 23 oct. 1865, pour le repos de l'âme du général de la Moricière par Adrien de Thuret. Extrait du journal *L'Union*. Clermont-Ferrand, Thibaud, 1865, in-8°. Pièce. (Ln 27) 22637.

Allocution prononcée par Mgr l'évêque d'Angers (Angebaut) au service funèbre du général de la Moricière, célébré au Loroux-Béconnais, le 6 nov. 1865. Angers, Barassé, 1865, in-8°. Pièce. (Ln 27) 22016.

Compte-rendu des cérémonies qui ont eu lieu au Loroux-Béconnais, au petit séminaire et à la cathédrale d'Angers, à l'occasion du service funèbre du général de la Moricière. Angers, Barassé, 1865, in-8°. (Ln 27) 22029.

Discours du général Trochu, prononcé sur la tombe du

général de la Moricière. Nantes, Libaros, 1865, in-18. Pièce. (Ln 27) 23303.

Nouvelle notice sur le général de la Moricière, suivie des discours du général Trochu et de M. de Quatrebarbes. Nantes, Libaros, 1865, in-8°. Pièce. (Ln 27) 23249.

Circulaire du comité de souscription à l'effet d'élever un monument à la mémoire du général de la Moricière, (datée de) Paris, 20 nov. 1865. Limoges, imp. de Chapoulaud (1865), in-8°. Pièce.

Lettre d'invitation (des volontaires pontificaux résidant à Toulouse) au service qui sera celébré le 12 déc. pour le repos de l'âme du général de la Moricière. Toulouse, imp. Constantin (1865), in-8°. Pièce.

Lettre-circulaire de Mgr l'évêque de Nîmes (Claude-Henri-Augustin Plantier), recommandant aux prières de son clergé l'âme de feu le général de la Moricière. Paris, Louis Giraud, 1865, in-8° de 14 p. *(Arch. de la Vignette.)*

Le général de la Moricière. Esquisse biographique par M. de Montrond. Lille, Lefort, 1866, 1867 et 1873. (I n 27) 21927.

Le général de la Moricière, vie militaire, politique et privée par M. l'abbé Ét. Pougeois. Paris, Lethielleux, 1866, in-16. (Ln 27) 22169.

La Moricière. Poésie par Alibert. 1866.

La Moricière, stances par Vincent Audren de Kerdrel, 1867.

Le général de la Moricière par Henry de Riancey. Paris, Palmé, in-8°, 16 p. *(Arch. de la Vignette.)*

Le général de la Moricière. Sa vie militaire, politique et religieuse, par E. Keller. Paris, Dumaine, 1874, 2 vol. in-8°; 1879, ibidem, 2 vol. in-18. (Ln 27) 27516.

Cercle catholique d'ouvriers de Troyes. Séance trimestrielle du 18 oct. 1874. Conférence de M. Simon sur la vie du général de la Moricière. Paris, Douniol, 1874, in-8°. Pièce. (Ln 27) 28567.

Vie de la Moricière. Esquisse biographique par de L. de C. Limoges, Ardant, (1875), in-8°; (1878), ibidem, in-12. (Ln 27) 28721.

Discours prononcé à l'inauguration du monument érigé, en l'honneur du général de la Moricière, dans la cathédrale de Nantes, le 29 oct. 1879, par Mgr l'Évêque d'Angers. Angers, Germain et Grassin, 1879, in-8º de 32 p. *(Arch. de la Vignette.)*

L'abbé Henri Soreau. Le tombeau du général de la Moricière. Nantes. Imp. de l'Ouest, (1879), in-8º de 16 p. *(Arch. de la Vignette.)*

Le général de la Moricière et la direction du Phare de la Loire par Th. Le Gouriérec. Nantes, imp. de Bourgeois, (1879), in-8º. Pièce. (Ln 27) 31922.

La grâce de Dieu dans quelques âmes contemporaines. Nancy. R. Vagner, 1884, in-8º, (Ln 2) 256, contient la biographie du général de la Moricière.

G. Vapereau. Dictionnaire Universel des Contemporains, éditions 1-4.

Biographie Didot, t. 29, p. 242.

Le Général de la Moricière a publié :

1º Réflexions sur l'état actuel d'Alger par M. J. de la M. (Juchault de la Moricière). Paris, imp. de Le Normant, 1836, in-8º. Pièce. (L k⁸) 254.

2º Projet de colonisation de l'Algérie, 1845.

3º Discours de M. le général de la Moricière, député de la Sarthe, dans la discussion du projet de loi relatif aux crédits extraordinaires pour l'Algérie. Séance du 9 juin 1847. Imp. de Panckouke, in-8º de 24 p. *(Arch. de la Vignette.)*

4º Rapport fait au nom de la commission chargée de présenter les lois sur l'organisation de la force publique, par le général de la Moricière, représentant de la Sarthe. Imp. de l'Assemblée nationale, in-8º, 60 p. *(Arch. de la Vignette.)*

5º Discours du général de la Moricière dans la discussion du projet de loi sur la presse. Aux bureaux de *L'Événement*, in-8º, 4 p. *(Ibidem.)*

6º Rapport sur les haras, 1850, in-4º.

7º Rapport du général de la Moricière à Mgr de Mérode,

ministre des armes de S. S. Pie IX, sur les opérations de l'armée pontificale contre l'invasion piémontaise dans les Marches et l'Ombrie. Paris, Douniol, in-8°, avec 3 cartes fournies par l'état-major du général.

DU CHAFFAUT OU DU CHAFFAULT

ARMES : *de sinople, au lion d'or, armé, lampassé et couronné de gueules.*
COURONNE : *de comte.*

Cette noble et très ancienne famille a toujours passé pour être une branche cadette de la maison de Rezay, issue elle-même des comtes de Nantes. Comme nous l'avons dit, page 71, une belle généalogie de cette famille a été publiée par M. de la Nicollière-Teijero, archiviste de la ville de Nantes, dans la seconde édition du *Dictionnaire des familles du Poitou* de MM. Beauchet-Filleau, t. II, p. 201. Comme l'histoire des du Chaffaut est intimement liée à celle des Juchault, nous allons donner, en l'abrégeant, la dernière partie du travail de M. de la Nicollière-Teijero.

BRANCHE DE LA SÉNARDIÈRE

XIV. Alexis-Augustin du Chaffaut, chlr, sgr de la Sénardière, etc., cons^r au Parlement de Bretagne, épousa 1º en 1704, Marie Boux, 2º en 1726, Marie-Jeanne Robert de la Lézardière. Ses enfants furent: 1º Julien-Gabriel, qui suit; 2º Louis-Charles, auteur de la troisième branche, rapportée plus loin; 3º René-Antoine, bapt. le 12 juil. 1711, chlr de Malte en 1718; 4º Marie-Durable, religieuse au couvent des Couëts, près de Nantes.

XV. Julien-Gabriel du Chaffaut, chlr, sgr de la Sénardière, cons^r au Parlement de Bretagne, épousa 1º le 29 août 1728, Marie-Jeanne Robert de Chaon, fille de Joseph-François, chlr, sgr de Chaon, et de Marie-Jeanne Robert de la Salle-Lézardière; 2º dans l'église N.-D. de Nantes, le 4 janv. 1745, Marie-Anne Grignon de Pouzauges, veuve de Gabriel-Charles Marin, chlr, sgr de la Guignardière. Du premier mariage il eut: 1º Sylvestre-François, qui suit; 2º Charles-Julien-Gilbert, sgr de Chaon, chlr de Saint-Louis et de Cincinnatus, capitaine de vaisseau, nommé brigadier des armées navales, par brevet du 24 nov. 1785, commandait les bâtiments et chaloupes de débarquement, à l'occupation du Sénégal, et fut un des vainqueurs du fort Saint-Louis et de cette belle colonie restée à la France (1783); 3º Marie-Orosmane, femme de Jacques-Charles Guerry, chlr, sgr de Beauregard; 4º Marie-Françoise-Félicité, femme de Christophe-Jacques-Prudent-Gilbert Juchault, chlr, sgr de la Moricière et aïeul du général de la Moricière. (Voir page 29.)

XVI. Sylvestre-François, comte du Chaffaut, sgr de la Sénardière, servit comme officier dans le régiment du Roi-infanterie et fit une partie de la guerre de Sept Ans. Émigré en 1791, il servit d'abord à l'armée des Princes, comme chef d'escouade de la deuxième compagnie noble à cheval, rejoignit à Worms l'armée de Condé, dont il fit toutes les campagnes, et fut nommé chlr de Saint-Louis, le 16 mars 1801. Sa femme ayant péri pendant la Révolution, il embrassa l'état ecclésiastique, fut ordonné prêtre en 1803 et nommé curé de la Guyonniére (Vendée), puis chanoine honoraire de Nantes, où il mourut plein de jours et de vertus, âgé de 87 ans, le 9 janv. 1822. Comme nous l'avons déjà dit, page 34, ce fut lui qui baptisa le général de la Moricière, son neveu, dans l'église Saint-Pierre de Nantes, le 6 févr. 1806.

Il avait épousé, en 1759, Marie-Françoise-Renée Marin de la Guignardière, dont il eut :

1º Auguste-Salomon du C., marié, en 1789, à Marie-Rosalie Mac-Carthy, mort en 1804. Il eut de son mariage : A. Marie-Renée-Coricie, mariée à Jacques-Gabriel du Chaffaut, son oncle. B. Marie-Rosalie-Momy, née en 1792, mariée à François-Pierre-Isaac-Charles de Lestang de Ringère, morte le 6 sept. 1869. C. Marie-Rosalie, qui épousa, en 1812, Philippe-Florimond de Moulin-Rochefort, décédée en avril 1891.

2º Jacques-Gabriel, qui suit, né jumeau avec

3º Charles-Augustin du C., né en 1769, chlr de Malte et de Saint-Louis, † en 1831 avec le grade de chef d'escadron en retraite. Il avait épousé 1º Catherine-Eucharis de Montbron, 2º Anastasie-Rosalie de la Croix de Beauregard. Du premier mariage : A. Sylvestre-Augustin-Alfred, né à Nantes, en 1802. B. Louis-Auguste, né à Nantes, en 1811.

4º Alexis-Gilbert du C., officier de la Marine Royale, eut la jambe cassée à Ouessant. Pendant les guerres de Vendée, il servit d'abord dans l'armée de Charette, puis, envoyé en mission près de M. de Lescure, il resta près de lui, se distingua à la bataille de Châtillon et fut tué à la suite de la déroute du Mans ;

5º Pierre-Gilbert du C., mort jeune ;

6º Henri-Barthélemy du C., tué près de son frère, dans la déroute du Mans ;

7º Marie-Henriette-Pélagie du C., femme de Louis de Chevigné, mourut dans les prisons du Mans ;

8º Marie-Henriette-Osmane du C., femme d'Alexandre de Rorthays, comte de Marmande, maréchal de camp, fut fusillée comme *brigande*.

9º Marie-Rosalie du C., morte avec Mme de Chevigné, sa sœur, dans les prisons du Mans.

XVII. Jacques-Gabriel, comte du Chaffaut, né en 1769, émigra et fit la campagne de 1792, à l'armée des Princes. En 1815, il commandait en chef une des divisions de l'armée vendéenne. A la Restauration, il fut fait chlr de Saint-Louis et de la Légion d'honneur, et devint plus tard député de la

Vendée. Il mourut à Paris, en 1849, âgé de 80 ans. Il avait épousé 1° Louise-Renée-Hortense Paris de Soulanges, dont il eut : Hortense-Aimée-Félicie, née en 1803, † en 1822, mariée à N... Espivent de la Villeboisnet ; 2° Marie-Renée-Coricie du Chaffaut, sa nièce, fille d'Auguste-Salomon, comte du C., et de Marie-Rosalie de Mac-Carthy (degré XVI 2°) ; 3° Marie-Elisabeth Chapard, fille de Clément C. et d'Élisabeth de Carrouge, dont il eut : Marie-Félicité du Chaffaut, née à Paris, le 16 oct. 1831, et mariée en la même ville, le 17 mai 1851, à Pierre-Charles-Alphonse Billebault, qui a été autorisé par décret du Président de la République du 17 nov. 1872 à ajouter à son nom celui de *du Chaffaut*.

TROISIÈME BRANCHE

XV. Louis-Charles, comte du Chaffaut de Besné, fils puîné d'Alexis-Augustin du C. et de Marie Boux (degré XIV 2°), fut lieutenant général des armées navales, commandeur, puis grand-croix de Saint-Louis, enfin amiral en 1791. Arrêté en 1793, il fut conduit à Nantes et enfermé dans la maison d'arrêt de Luzençay, où il mourut le 29 juin 1794, âgé de 87 ans. Il avait épousé, en janv. 1732, Pélagie de la Roche-Saint-André, fille de Louis-Gilles, chlr, sgr des Ganuchères, et de Charlotte de Saint-Légier ; il en eut : 1° Marie-Augustin, qui suit ; 2° Pélagie-Augustine, mariée, en 1753, à Louis Le Maignan, comte de l'Escorce ; 3° Thérese-Charlotte, mariée, en 1766, à Charles-Louis Roiron de la Rouxière ; 4° Marie-Adélaïde, mariée, en 1780, à Joseph-Philippe de Juge de Brassac, capitaine au régiment de la Marine.

XVI. Marie-Augustin du Chaffaut, né en 1732, capitaine de vaisseau, chlr de Saint-Louis, fut tué au combat d'Ouessant, en 1778, sous les yeux de son père. Il avait épousé, en 1766, Aimée-Marie Jousseaume de la Bretesche, dont il n'eut pas d'enfants.

ARMORIAL DES FAMILLES ALLIÉES ET AUTRES

ABRÉVIATIONS : Acc. = accompagné. Arg. = argent. Az. = azur. Gu. = gueules.

BASCHER, sʳˢ du Préau, par. de Rezé, — des Mortiers, évêché de Nantes : *d'arg., à la croix fleuronnée de sinople, chargée d'une épée d'or, mise en pal, la pointe en haut, cantonnée, aux 1 et 4, de trois quintefeuilles d'or ; aux 2 et 3, d'un chêne arraché de sinople.*

DU BEC, en Normandie et Bretagne, sʳˢ de Boury, — de la Moricière, par. de Saint-Philbert-de-Grand-Lieu, marquis de Vardes : *fuselé d'arg. et de gu..*

BIDÉ, sgr de la Provosté et de la Marousière, par. de Saint-Philbert-de-Grand-Lieu : *d'arg., au lion de sable, armé et lampassé de gu., accomp. d'un croissant d'az. au premier canton, d'une étoile au deuxième et d'une autre étoile en pointe, le tout de gu..*

DE LA BORDE, en Béarn, barons de la Brosse : *écartelé : aux 1 et 4, d'az., au chevron d'arg., acc. en pointe d'un lion de même ; aux 2 et 3, d'az., à trois pommes de pin d'or, 2 et 1 ; au croissant de même, brochant sur les deux quartiers d'en bas, proche la pointe de l'écu.* Support : *deux lévriers.* Couronne : *de baron.*

DU BOT, sgrs de Talhouët, par. de Pluherlin, et du Plessis-Grimaud, par. de Saint-Viaud, en Bretagne : *d'az., à 3 quinfeuilles d'arg.* Devise : *Ce qui me plaist m'ennuie.*

BOUHIER DE LA VERRIE, en Bretagne : *d'az., à 3 étoiles d'arg., et une moucheture d'hermine en cœur.*

BRÉCEL, sʳˢ de Clermont, par. du Cellier, en Bretagne : *d'arg., à trois merlettes de sable.*

Du Cassia de la Houssaye, en Bretagne : *Tiercé : aux 1 et 2, palé d'az. et d'arg. de quatre pièces, occupant les deux tiers de l'écu, et chargé de deux étoiles d'az., et en fasce de deux coquilles d'arg. de l'un en l'autre; tiercé, au 3 d'or, à une bande d'az., acc. de deux roses de gu., tigées et feuillées de sinople.*

Du Cellier, sgrs du Cellier, par. du Cellier, en Bretagne : *de gu., à la fasce de vair, acc. de trois quintefeuilles d'arg..*

Du Chaffault, en Bretagne : *de sinople, au lion d'or, armé, lampassé et couronné de gu..*

Chenu, srs de Clermont, par. du Cellier, en Bretagne : *d'hermine, au chef losangé d'or et de gu. de deux tires.*

De Coëtivy, srs des Jamonières : *fascé d'or et de sable de six pièces;* aliàs : écartelé de Retz. Devise : *Bepret* (toujours).

De Cornulier, en Bretagne : *d'az., au rencontre de cerf d'or, sommé d'une moucheture d'hermine d'arg..* Devise : *Firmus ut cornus.*

Du Couëdic, en Bretagne : *d'arg., à la branche de châtaignier de sinople, chargée de trois feuilles d'az..*

De Coutances, en Touraine et Bretagne : *d'az., à deux fasces d'arg., acc. de trois besants d'or entre les fasces, posés deux et un.* Devise : *Constantiâ, justiciâ et fidelitate.*

De la Croix de Castries, en Languedoc : *d'az., à la croix d'or.* Couronne : *de duc.* Devise : *Fidèle à son roy et à l'honneur.* Supports : *deux licornes.* Cimier : *une licorne.*

De Dampierre, en Normandie : *d'arg., à trois losanges de sable.* Couronne : *de marquis.* Devise : *Sans peur et sans reproche.* Supports : *deux anges.* Cimier : *un lion.*

David, ensuite du Bois-David, srs de la Botardière, par. de Couëron, et du Chêne-Moreau, en Bretagne : *d'arg., au chêne arraché de sinople, englanté d'or, le tronc accosté de deux harpes de gu..* Devise : *Memento Domine David.*

D'Escoubleau de Sourdis, sr du Plessis-Grimaud, en Bretagne : *parti d'az. et de gu., à la bande d'or brochante.*

D'Escrots d'Estrée : *d'az., à la bande d'or, chargée de trois écrevisses de gu. et acc. de trois molettes d'éperon d'or.* Couronne : *de comte.*

Ferron de Villeaudon, en Bretagne : *d'az., à la bande d'arg., chargée de quatre hermines de sable, le champ semé de billettes d'arg. sans nombre.* Devise : *Sans tache.*

Fournier, srs de la Pinsonnière, par. de Mésanger, en Bretagne : *de gu.* (aliàs *d'az.*), *à la bande dentelée d'or, accostée de deux molettes de même.*

Gabard, srs de la Maillardière, par. de Vertou, de la Moricière, des Jamonières, etc. : *de gu., à deux étoiles d'or en chef et un croissant d'arg. en pointe.*

Gaillard de Ferré d'Auberville : *d'az., au chevron d'arg., acc. de trois croix pattées de même, posées deux et une.* Couronne : *de comte.*

Goheau, srs des Jamonières : *de gu., à 3 casques de profil d'arg..*

De Grézy, srs du Pied-Pain : *de gu., à 3 crosses d'or,* aliàs *à la bordure de même.*

Guy, srs de Mareil, par. de la Chapelle-Launay, en Bretagne : *d'arg., à l'arbre terrassé* (aliàs *au chevron*) *de sinople, sommé d'un oiseau de sable et acc. de trois étoiles mal ordonnées de gu..*

Jaillard de la Marronnière, en Poitou : *d'az., à trois tours d'or, deux et une.* Devise : *Turres fortitudo tenuit.* Supports : *deux lions.*

De Lannion, srs du Pied-Pain : *d'arg., à 3 merlettes de sable ; au chef de gu., chargé de trois quintefeuilles d'arg.* Devise : *Prementem pungo.*

De la Laurencie, en Angoumois, Limousin et Bretagne : d'az., à l'aigle à deux têtes au vol abaissé d'arg., becquée et onglée d'or ; aliàs : d'arg., à l'aigle éployée de sable. Supports : deux lions.

Laurens, s^rs de Launay et de la Moricière : d'arg., au laurier (aliàs au chêne) de sinople, arraché de sable.

De Laval, baron de Retz, sgrs de la Benaste, des Huguetières et des Jamonières : de gu., au léopard d'or (armes antiques) ; d'or, à la croix de gu., cantonnée de seize alérions d'az., qui est Montmorency, la croix chargée de cinq coquilles d'arg. (armes modernes).

De Lespinay, s^rs du Chaffault, de Monceaux : d'arg., à trois buissons d'épines de sinople ; aliàs : de sinople, à trois buissons d'arg. Devise : Sequamus quò fata vocant.

De Mauvise : d'arg., à la croix ancrée de sable, acc. en chef, aux deux premiers cantons, de deux croissants de gu.. Couronne : de comte. Supports : deux lions.

Mélient, s^rs de Lanjouère, par. du Bignon, et du Breil, par. de Saint-Philbert-de-Grand-Lieu, en Bretagne : gironné d'arg. et de gu. de douze pièces, chaque giron d'arg. chargé d'une étoile de sable.

Des Merliers, s^rs de Longueville, par. de Jans, en Bretagne : d'arg., à trois merlettes de sable.

De Montbron, s^rs des Jamonières : écartelé : aux 1 et 4, fascé d'arg. et d'az. ; aux 2 et 3, de gu. plein.

Morin, s^rs du Tresle, en Bretagne : d'arg., à l'arbre de sinople, planté sur une terrasse de même ; un sanglier ou porc-épic de sable, brochant sur le fût de l'arbre. Devise : Mori ne timeas.

Nicolas, s^rs de Clayes, par. de ce nom, et de Clermont, par. du Cellier, en Bretagne : de gu., à la fasce d'arg., chargée de trois merlettes de sable et acc. de trois têtes de loup arrachées d'or.

De Novion, en Champagne et Bretagne : *d'az., à la bande d'or, acc. de trois colombes d'arg., deux et une.*

Patas d'Illiers, en Orléanais : *d'az., à la fasce d'arg., chargée de trois étoiles de   , aliàs d'un trèfle de sable, et acc. en pointe d'un lion d'arg.;* aliàs *acc. de trois pattes de lion d'or, posées deux et une.*

Pellu du Champ-Renou, originaires du comté de Cornouailles en Angleterre, où ce nom s'écrivait Pellew : *d'arg., au chevron de gu., au chef de même, chargé de trois macles d'arg..*

Du Pouëz, sgrs de la Moricière : *six losanges, posés 3, 2 et 1.* (Archives de la Moricière, sceaux.)

Robert, srs du Moulin-Henriet, par. de Sainte-Pazanne, en Bretagne : *de sable, à 3 coquilles d'or.*

Robineau de Bougon, par. de Bouguenais, en Bretagne : *d'az., à deux pals d'arg., chargé chacun de trois étoiles de   .* Supports : *deux lions.* (Cachet communiqué par la famille.) Denais, dans son *Armorial d'Anjou*, décrit ainsi les armes de cette famille : *d'az., semé d'étoiles d'or, à la bande de même, brochant sur le tout.* Ces dernières armes se trouvent coloriées de cette façon dans la chapelle du Chaffault.

Robineau, sgrs de Rochequairie, par. de Saint-Étienne-du-Bois, en Bretagne : *de gu., à la croix ancrée d'arg.; au chef de même, chargé de cinq tourteaux de gu..*

Rousseau, srs de Saint-Aignan, par. de ce nom, en Bretagne : *d'az., à la fasce, acc. en chef de deux têtes de lion arrachées, et en pointe de trois besants, le tout d'or.* Couronne : *de comte.*

Rousselot de Saint-Céran : *d'az., au chevron d'or, acc. de trois lottes* (poissons) *d'arg..*

De Saint-George, marquis de Vérac, Poitou, Touraine, Bourgogne : *écartelé: aux 1 et 4, d'arg. à la croix de gu.* (de Saint-George); *aux 2 et 3, fascé-nébulé d'arg. et de gu.* (de Rochechouart). Cimier : *une Mélusine de carnation, peautrée de sinople, issante d'une cuve, les mains levées, tenant de sa senestre un miroir.* Tenants : *deux sirènes soutenues d'une mer agitée, le tout au naturel.* Devise : *Nititur per ardua virtus.*

De Sesmaisons, en Bretagne : *de gu., à trois tours de maison d'or.* Devise : *Ne tanta domus pereat.*

Simon, s^{rs} de la Chambre, en Bretagne : *de sable, au lion d'arg., armé et lampassé de gu..* Devise : *C'est mon plaisir.*

De Surineau : *d'or, à trois cœurs de gu., posés 2 et 1.*

Le Tourneulx, s^{rs} de Belair, en Bretagne : *d'or, à trois hures de sanglier de sable, défendues d'arg. et allumées de gu..*

De la Tullaye, en Bretagne et en Anjou : *écartelé : aux 1 et 4, d'or, au lion rampant de gu.*, qui est de la Tullaye ; *aux 2 et 3, de sable, à trois rocs d'échiquier d'arg. à l'antique*, qui est de Racapé. Couronne : *de marquis.* Supports : *deux lions.* Cimier : *un lion issant.*

De Vauferrier, s^{rs} de la Basse-Ardaine, par. de Saint-Maugan, en Bretagne : *d'or, au chef de sable*, aliàs *chargé de trois coquilles d'arg..*

D'Yrodoüer ou d'Irodoüer, en Bretagne : *d'arg., à la bande de gu., chargée de trois macles d'arg..*

TABLES

TABLE DES MATIÈRES

Index des sources.	1.
Généalogie de la famille Juchault de la Moricière et des Jamonières.	3-41.
Jugement du tribunal civil de Beaupréau, relatif à la famille Gautret de la Moricière.	45-49.
Notice historique sur la sgrie de la Moricière et ses dépendances	50-68.
Idem sur la sgrie des Jamonières.	68-71.
Idem sur la sgrie du Chaffault.	71-80.
Idem sur la sgrie de Clermont.	81.
Idem sur la sgrie de la Jarrie	82.
Idem sur la sgrie de Monceaux.	82-83.
Idem sur la sgrie du Pied-Pain.	84-89.
Idem sur la sgrie du Plessis-Grimaud.	90.
Idem sur la sgrie de Pouillé.	91-92.
Idem sur la paroisse de Saint-Philbert-de-Grand-Lieu.	92-96.
Idem sur le prieuré de Saint-Philbert-de-Grand-Lieu.	96-98.
Liste des publications relatives au général de la Moricière.	98-101.
Publications du général de la Moricière.	101-102.
Généalogie de la famille du Chaffaut . . 72-75 et	102-105.
Idem de la famille Gabard.	55-58.
Armorial des familles alliées et autres.	106-111.

TABLE
DES NOMS DE PERSONNES

Les noms imprimés en majuscules sont ceux des familles ou des terres auxquelles nous avons consacré des notices ; les chiffres placés entre parenthèses renvoient à ces notices [1]. Les astérisques renvoient aux armoiries des familles. Un certain nombre de noms se trouvant répétés plusieurs fois dans la même page, il est par suite nécessaire de parcourir la page complètement.

A

Abbadie (d'), 39.
Adam, 13.
Alain, 8.
Alexandre, 25, 81.
Aliquid, 72.
Amiot, 95.
Angebaut, 99.
Angleterre (Charles Ier, roi d'), 16.
Angoulême (duchesse d'), 38.
Annebaud (d'), 10.
Arquistade (d'), 93.
Artois (d'), 56.
Auberville (d'). Voir Gaillard.
Audren de Kerdrel, 100.
Augier, 84, 94.

B

Babin, 66, 95, 96.
Barnel (de), 72, 83.
Barthélemy, 35.
Barthélemy (de), 28.
Bascher, 106*.
Bascher de Souché, 40.
Bastard (de), 94.
Bauchet (de la). Voir Hervé.
Beauchet-Filleau, 71, 102.
Beauvilliers (de), 54.
Bec (du), 51, 53, 54, 63, 64, 106*.
Becdelièvre (de), 17.
Béchenec (de), 58.
Bégasson (de), 56, 64.
Bel (Le), 82.
Belon, 67.
Belot, 20.
Berland, 56.
Bernard, 53.
Bertault, 28.
Berthelot, 23.
Bidé, 4, 25, 94, 95, 106*.
Billebaut du Chaffaut, 105.
Blanchet, 30, 80.
Blandin, 73.
Blaye, 95.
Bocigné (de), 81.

---

1. Nous empruntons ce mode de renvoi à la belle continuation du Père Anselme par M. Potier de Courcy. Firmin-Didot, éditeur.

Bodel (de), 73.
Bois (du), 95.
Bois-David (du), 5, 13, 107*.
Bois-Robert (de), 19.
Boissière, 94.
Bonneau, 57.
Bonnin, 67, 93.
Borde (de la), 40, 106*.
Bot de Talhouët (du), 5, 27, 90, 106*.
Bouaud, 65.
Boucaud, 23, 56, 80, 93, 94, 96.
Bouchaux (des), 73.
Bouheau, 62.
Bouhier de la Verrie, 5, 26*, 27, 57, 58, 59, 62, 68, 92, 106*.
Boullemer, 23.
Bourbon (de), 9, 10.
Bourcier, 66.
Bourdonnaye (de la), 31, 37*, 81.
Bourmont (de). Voir Ghaisne.
Bouteiller, 21.
Boux, 93, 103.
Brard, 39.
Brécel, 55, 75, 81, 106*.
Bréhan (de), 24.
Breslay (de), 56, 63, 65, 67.
Bretagne (Anne de), 51.
Bretagne (François II de), 51.
Bretagne (Marguerite de), 74.
Bretesches (des), 74.
Breton, 91.
Breton (Le), 7, 25.
Briand, 27.
Brissonnet, 66.
Brochard, 80, 96.
Brun (Le), 81.
Bureau, 51.
Butault, 57, 65, 68.

C

Carrouge (de), 105.
Carte, 91.
Carte (de la), 94.
Cassia (du), 25, 107*.
Castille, 98.
Castries (de). Voir Croix (de la).
Cellier (du), 81, 107*.
Cerf (Le), 13.

Chaffault. Voir Chaffaut.
CHAFFAUT (DU), 29*, 30, 34, 55, (72-75), 81, 83, 93, (102*-105), 107*.
Champcartier, 72.
Champeaux (de), 56, 190.
Champquartier, 72.
Champ-Renou (du). Voir Pellu.
Champsneufs (des), 93, 94, 95.
Chapard, 105.
Chapelle (de la), 55, 94.
Chardonnay (de), 57, 67, 68, 94.
Charette, 17, 104.
Charier, 80, 91.
Charles VIII, 51.
Charrier, 23, 24.
Chastaigneraye (de la), 56.
Chastel (Tanguy du), 53.
Châteaubriand (de), 17, 94.
Chaurand, 76.
Chauvigny (de), 74, 75.
Chazé (de), 91.
Chenais (de la), 61.
Chenu, 81, 107*.
Chérin, 1, 6.
Chevigné (de), 104.
Clerc de Juigné (Le), 94.
Clercy (de), 53.
Clermont (de), 10, 11, 81.
Clisson (de), 73.
Coëtivy (de), 69, 107*.
Coëtlogon (de), 96.
Condé (prince de), 16, 30.
Conigan (de), 90.
Cornulier (de), 1, 5, 7, 23, 31, 92, 93, 107*.
Cosnier, 91.
Coudray (du), 95.
Couëdic (du), 5, 19*, 20, 107*.
Couëtus (de) 93, 94.
Court (Le), 80.
Coutances (de), 30, 39, 107*.
Croix de Beauregard (de la), 104.
Croix de Castries (de la), 1, 35, 62, 107*.
Crouan, 71.
Crux (de), 94.
Cuillé, 57.

D

Damas (de), 94.
Dampierre (de), 35, 107*.
Dauphiné, peintre, 22.
Decazes, 39.
Demons, 15.
Desboys, 28.
Desmortiers, 15.
Desrame, 52.
Dobrée, 7.
Dranet, 95.
Dubois, 34.
Dupanloup, 99.
Durfort (de), 28.

E

Escoublean (d'), 90, 108*.
Escrots d'Estrée (d'), 30, 83, 108*.
Esperonnière (de l'), 33, 34.
Espivent de la Villeboisnet, 105.
Essards (des), 30, 39.
Estourbeillon (de l'), 24.
Estrée (d'). Voir Escrots (d').

F

Faye (de), 84, 86, 88.
Feillet, 81.
Ferron (Le), 68, 69.
Ferron de la Ferronays, 92.
Ferron de la Villeaudon, 13, 108*.
Ferronays (de la). Voir Ferron.
Fontaine (de la), 59, 61.
Foucher, 56.
Fourmy, 58.
Fournier de la Pinsonnière, 20*, 108*.
Fraissynaud, 98.

G

GABARD, 26, 27, 50, 51, 54, (55*-58), 63, 64, 65, 66, 68, 69, 76, 85, 86, 87, 89, 96, 108*.
Gabart. Voir Gabard.
Gaignard, 84, 85, 86, 88, 89.

Gaillard de Ferré d'Auberville, 35*, 108*.
Garnier, 97.
Gastineau, 94.
Gastinel, 72.
Gaurays, 56.
Gauteron, 95.
GAUTRET DE LA MORICIÈRE, 5, 6, (45-49).
Gazeau (de), 31.
Geoffreau, 87.
Gestin, 73, 74, 79.
Ghaisne de Bourmont, 33.
Gicquel, 16.
Giffart, 90.
Gigou de Saint-Simon, 20.
Girard, 55, 94.
Glémeau, 21.
Godiveau, 56.
Goheau, 69, 108*.
Gondy (de), 10, 76.
GOULET, (16), 82.
Goullet. Voir Goulet.
Gouriérec (Le), 101.
Gournerie (de la). Voir Maillard.
Gournerie (de la), 16.
Gouy, 51, 53, 79.
Goyon, 65.
Grandjean, 98.
Grangier, 96, 97.
Grézy (de), 84, 108*.
Grignan (de), 18.
Grignon, 56, 103.
Grimaud, 90.
Gué (du), 82.
Guémadeuc (de), 96.
Guennec (Le), 57.
Guérin, 26.
Guerry, 103.
Guibert, 51.
Guibourd, 91.
Guibourg, 91.
Guibreteau, 98.
Guilho, 76.
Guillemet, 64, 95.
Guillet, 62.
Guischard, 23, 57.
Guy de Mareil, 21, 108*.
Guyhard, 13.
Guyton, 93.

H

Hamon, 69.
Hanolet, 32.
Hardaz (du), 69.
Harrouis (d'), 18.
Héaulme, 90.
Henri II, 22.
Henri IV, 16.
Henriette de France, 16.
Hervé, 45.
Hervé de la Bauche, 38.
Hervouët, 65, 66.
Hody (de), 80.
Hozier (d'), 4.
Hubert, 68, 80.
Huet, 66.
Huguet, 56.
Hunaut (de), 72.

J

Jacquemet, 78.
Jahanneau, 84.
Jaillard de la Marronnière, 40, 108*.
Jaille (de la), 72, 73.
Jalaber, 30, 61.
Javereau, 67.
Johannes (de), 93.
Jolly, 20.
Josnel, 96.
Joubreteau, 97.
Jouneaux, 13.
Jousseaume, 76, 105.
Juge (de), 105.

K

Keller, 100.
Kermeno (de), 17.
Kersabiec (de). Voir Siochan.

L

Lande (de la), 94.
Landreau, 7.
Langle (de), 76.
Langleys, 97.
Langlois, 8, 32.
Lannion (de), 84, 87, 93, 108*.
Laurencie (de la), 32, 109*.
Laurens, 8, 51, 53, 64, 109*.
Lauriston (de). Voir Law.
Laval (de), 68, 69, 109*.
Law de Lauriston, 7.
Lebigot, 70.
Lebreton, 81.
Leduc, 47.
Legoüais, 28, 61.
Lemerle, 24, 67.
Lescure (de), 104.
LESPINAY (DE), 65, (75-76), 83, 93, 109*.
Lestang de Ringère (de), 104.
Loréal (de), 58.
Lorette de la Refoulais, 41.
Lorraine (de), 9.
Lou (Le), 26, 58.
Loup de la Biliais (Le), 31.

M

Mac-Carthy, 104, 105.
Machecoul (de), 94, 95.
Maignan (Le), 105.
Maillard, 96.
Maillé-Brézé (de), 37, 93.
Maintenant (de), 33.
Maistre (de), 35.
Malescot, 24.
Mallier de Chassonville (Le), 31.
Marchegay, 69.
Maré, 47.
Marin, 103, 104.
Marion, 10.
Marronnière (de la). Voir Jaillard.
Martel (de), 58.
Martin des Morandais, 56.
Martinet, 51.
Maublanc, 96.
Mauvise de Villars (de), 30, 39, 109*.
Maye (de la), 19.
Meaux (de), 98.
Mélient, 80.
Mélient (de), 21, 109*.
Ménage, 49.
Ménardeau, 56.

Ménart, 51.
Menet, 1.
Meneust (Le), 95.
Mercœur (de), 9, 12.
Merliers (des), 32, 109*.
Mérode (de), 101.
Mesliers (des), 23.
Michel, 8.
Mioulle, 61, 62.
Mocquard, 95.
Moisseron, 34.
Mongin, 27, 58.
Monnier de Savignac (de), 31.
Montagu-Beaune (de), 35.
Montalembert (de), 98.
Montbron (de), 69, 104, 109*.
Monti (de), 65, 95.
Montigné (de), 7.
Montmorency (de), 9, 10.
Montpensier (duc de), 8, 9, 10.
Montrond (de), 100.
Moricière (de la). Voir Gautret.
Morin, 13, 46.
Morin du Tresle, 25*, 109*.
Morisson (Le), 69.
Moulin-Rochefort (de), 104.
Moulnier, 83.
Moynard, 87, 88, 95.
Musseau, 7.

N

Neuf-Bourg (de), 46.]
Neufville-Villeroy (de), 83, 88.
Nicolas de Claye, 37, 81, 109*.
Nicoleau, 62.
Nicollière-Teijeiro (de la), 71, 102.
Nicollon, 95, 96.
Noblet de Lespau, 76.
Noë (de la), 51, 52, 73, 94, 95.
Noüe (de la), 51, 72.
Novion (de), 32, 110*.

P

Padioleau, 50, 54, 63, 65, 66, 67, 70.
Pâris, 95.
Paris de Soulanges, 105.

Patas d'Illiers, 39, 71, 110*.
Paulet, 12.
Pé (du), 56, 93.
Peger, 67.
Peillac (de), 82.
Pélerin, 13.
Pelletier, 25.
Pellu du Champ-Renou, 49, 110*.
Penhoët (de), 75.
Perraud, 54.
Perraudeau, 69.
Perreau (du), 75.
Perreau de Laré, 21.
Petit, 67.
Picard, 83.
Pichon, 65, 87.
Pie, 99.
Pie IX, 102.
Pierre, 98.
Pillays, 80.
Pinart, 93.
Pinson, 1.
Pirly, 67.
Pitard, 95.
Plantier, 100.
Poli (de), 51.
Ponceau (du), 7.
Pont-Labbé (de), 75.
Pontlevoy (de), 8.
Porc (Le), 79, 80.
Potier de Courcy, 1, 116.
Pouëz (du), 51, 52, 53, 63, 64, 65, 66, 74, 95, 110*.
Pougeois, 100.
Praton, 51.
Presle (de la), 95, 96.
Probin, 83.

Q

Quatrebarbes (de), 100.
Querré, 21.

R

Raboceau, 7.
Racapé (de), 29.
Ragaud, 98.

Raguenel, 73.
Raguier, 53.
Ragusse, 18.
Raoul, 90.
Reliquet, 88.
Remfort, 23, 70.
Renouard, 40.
Renoul, 7.
Retz (de), 75.
Rezay (de), 102.
Riancey (de), 100.
Richard, 7, 78.
Richelot, 37.
Ridelières (des), 82.
Rivière (de la), 67.
Robert de Chaon, 30, 103.
Robert de la Lézardière, 103.
Robert du Moulin-Henriet, 20, 110*.
Robineau de Bougon, 21, 33*, 110*.
Robineau de Rochequairie, 27, 110*.
Robo, 54.
Rochechouart (de), 94.
Rochefort (de), 73, 74.
Roche-Saint-André (de la), 105.
Rocquand, 67.
Roger de la Mouchetière, 82.
Rogon, 57.
Rohan (de), 28, 94.
Roiron, 105.
Rondeau, 52.
Roque (de la), 28.
Rorthays (de), 104.
Rostrenen (de), 75.
Rousseau de Saint-Aignan, 25, 31, 32, 33, 110*.
Rousselot de Saint-Céran, 32, 33, 110*.
Roussières (des), 75.
Rouxeau, 7.
Rouxeau (Le), 91.

S

Savary, 70.
Savary du Fief-Lambert, 20.
Savin, 96.
Saint-Aignan (de). Voir Rousseau.
Saint-Belin (de), 58.
Saint-Céran (de). Voir Rousselot.

Sainte-Flayve (de), 51.
Sainte-George de Vérac (de), 35, 111*.
Saint-Légier (de), 105.
Saint-Marc-Girardin, 99.
Saint-Marsault (de), 75.
Saint-Maur (de), 39.
Seigne (de), 7.
Seixas-Baroso, 99.
Serff (Le), 13, 15, 22.
Sesmaisons (de), 4, 5, 17*, 18, 111*.
Sévigné (de), 18, 53, 80.
Siffait, 40, 41.
Silleraye (de la), 18.
Simon, 13, 22, 23, 24, 52, 91, 100.
Simon de la Chambre, 111*.
Siochan de Kersiabiec, 7.
Sohier, 37.
Soreau, 101.
Souay (du), 95.
Souchais (de la), 96.
Spadine, 16, 95.
Surineau (de), 39, 111*.

T

Talhouët (de). Voir Bot (du).
Terrien, 95, 96.
Thenaud, 98.
Thévenin, 20.
Thibeaudeau, 88.
Thomas, 28, 82.
Thomin, 67.
Thouars, 69.
Thouvenin, 40.
Thuret (de), 99.
Tollenare (de), 1.
Touche (de la), 52, 76.
Touche-Limousinière (de la), 73, 90, 94.
Tourneulx (Le), 22, 23, 111*.
Tousche (de la). Voir Touche (de la).
Touteville (de), 54.
Tréal (de), 52.
Trélan (de), 84, 88.
Trévecar (de), 52, 96.
Tripon, 91.
Trochu, 99, 100.
Trotereau, 25.

— 122 —

Tullaye (de la), 5, 28*, 29, 111*.

V

Vaucelles (de), 84.
Vauferrier (de), 5, 19*, 24, 111*.
Verrier (Le), 62.
Viau, 64, 80, 95.
Viel (du), 82.
Viesques (de), 96.

Vignes (des), 50, 66, 67.
Villebois (de), 99.
Villeboisnet (de la). Voir Espivent.
Villevieille (dom), 51.
Vincent, 1.
Vrien, 27.

Y

Yrodoüer (d'), 5, 24*, 25, 91, 111*.

TABLE

DES NOMS DE TERRES, VILLES, CHATEAUX PAROISSES, COMMUNAUTÉS, ETC.

Les noms imprimés en majuscules sont ceux des terres, châteaux, paroisses ou .communautés auxquels nous avons consacré des notices ; les chiffres entre parenthèses renvoient à ces notices. Le même nom pouvant se trouver répété plusieurs fois dans la même page, il est par suite nécessaire de parcourir la page complètement.

A

Algérie, 101.
Ancenis, 1, 5, 38.
Angers, 47, 99.
ANGIBAUDERIE (L'), 84, 85, (86), 92.
Angleterre, 16.
Arthon, 93.
Auberville, 35.
Aubier (l'), 54.
AUBRAYS (LES), 84, 87, 92, (93).
Auvergnac (l'), 17.
Avessac, 56.
Avoir, 69.

B

Barioles (les Grosses-), 92.
Barre (la), 66.
Barres (les), 66, 95.
Basse-Ardaine (la), 19, 111.
Bassetière (la), 92.
Batz, 5.
Baudière (la), 80.
Beaubois, 57.

Beaulieu, 5, 16.
Beaumont, 20.
Beaupréau, 5, 45.
Beauregard, 103, 104.
Beausoleil, 7.
Belair, 22, 23, 111.
Belle-Isle, 11, 28.
Belonnière (la), 67.
Benaste (la), 74, 75, 76, 87, 88, 109.
Besné, 67, 68, 94, 105.
Biesse, 12.
Bignon (le), 5, 21, 109.
Biliais (la), 31, 76.
Billaudière (la), 4.
BIRETTERIE (LA), 84, 85, (86).
Blazon, 68.
Blottereau (le), 5, 15.
BLOTTEREAUX (LES), (7), 19, 21, 24.
Bodeuc, 17.
Bois (le), 26, 36, 82.
Boisjouan (le), 58.
Boisnouveau (le), 91.
BOIVELIÈRE (LA), 50, 54, 59, (63), 92.
Bon-Espoir, 73.
Bonnaudière (la), 93.
Botardière (la), 14, 107.

Botinière (la), 56.
Bougon, 21, 33, 110.
Bouguenais, 71, 76, 110.
Bourderie (la), 5, 8.
Boury, 53, 54, 106.
Bouschet (le), 65.
Boutinière (la), 56.
Brandais (le). Voir Branday.
Branday (le), 53, 54, 80, 95.
Brandeau (le), 56.
Brassac, 105.
Breil (le), 92, 109.
Bretaudières (les), 92.
Bretesche (la), 105.
Briollay, 75.
Briord, 75, 76.
Brossay (le), 56.
Brosse, 75.
Brosse (la), 106.
Brosse-Guillou (la), 92.
Brosse-Tenau (la), 82.
Bulot, 91.
Bunelaye (la), 17, 18.

C

Cantinière (la), 76.
Caratrie (la), 31.
Castries, 107.
CELLIER (LE), 1, (81), 106, 107.
Cépeaulx, 84.
Chaffaud (Moulin du), 79.
CHAFFAUT (LE), 5, (71-79), 83 et passim.
Chalucet, 93.
Chambre (la), 23, 111.
Champeaux, 69.
Chaon, 103.
Chapelle-Basse-Mer (la), 5, 15, 82.
Chapelle-Glain (la), 26, 58.
Chapelle-Launay (la), 108.
Chapelle-sur-Erdre (la), 30.
Charoulière (la), 27, 68, 69, 92.
Chasseloire, 96.
Chassonville, 31.
Chastaigneraye (la), 56, 57, 65, 68.
Châteaubriand, 83, 92.
Châteauroux, 75.
Château-Thébaud, 84.

Chêne-Moreau (le), 13, 107.
Chauvières (les), 76.
Chauvinières (les), 93.
Chevaleraye (la), 17.
Chevrolière (la), 93.
Cholet, 5.
Clairmont. Voir Clermont.
Clavelière (la), 95.
Claye, 37, 81, 109.
CLERMONT, 5, 38, 39, 55, 75, (81), 106, 109.
Clisson, 67.
Coëquelfen, 28.
COMPOINTRIE (LA), 84, 85, (87), 92.
Cormeraie (la), 91.
Couëron, 80, 107.
Couëts (les), 103.
Coulongé, 28.
Cour (la), 5.
Courboyer, 94.
Cour de Pouillé (la), 91.
CRAPAUDIÈRE (LA), 50, 53, 54, 59, (63), 92.
CRESPELIÈRES (LES GRANDES et LES PETITES), 84, 85, (87), 92.
Créviac-en-Nozay, 24, 91.
Cruguil, 84.

D

Dampierre, 10.
Dombes, 10.
Doulcerie (la), 74.
Doulon, 4, 5, 7, 15, 21.
Drefféac, 57.
Durancerie (la), 56.

E

ESCAUBU-VILLAIN (L'), 50, 53, (63), 66.
Escorce (l'), 105.
Espinay (l'), 5, 21.
Espinay-Greffier (l'), 69.
Estrée, 108.

F

Favetterie (la), 84.
Fay (le), 24.

Ferronays (la), 92.
Ferronière (la), 95.
Fief-Lambert (le), 20.
Fontaines (les Grandes-), 92.
Forestrie (la), 56.
Fouesnard, 84.
Fresne, 37.

G

Gaillard (le Moulin), 84.
Gallonière (la), 50, 53, 54,59.
Galmelière (la), 20.
Ganuchères (les), 105.
Garré (le), 88.
Genestay (le), 80.
Gestière (la), 68.
Getière (la), 80.
Goillandrie (la), 82.
Goulaine (hôtel de), 34.
Goulardière (la), 71, 77, 92.
Goyenderie (la), 82.
Grand-Champ, 30.
Grande-Noë (la), 5, 15, 19, 82.
Grande-Pièce (la), 8.
Grande-Tournerie (la), 82, 83.
GRAND-LIEU (LAC DE), 92, (94).
Grand-Marais (le), 82.
GRAVOUILLERIE (LA), 50, 53, 59, (64), 92.
Greix (le), 56.
GRESLE (LA), 50, 54, 59, 92, (94).
Grignonnaye (la), 56.
Grillouère (la), 8.
Grue (la), 92.
Gué-Robert (le), 5, 7, 15.
Guérande, 16.
Guibretière (la), 92, 95.
Guignardière (la), 103, 104.
Guillebaudière (la), 82.
Guillonnière (la), 84.
GUITTIÈRE (LA GRANDE), 71, 77, (79), 92.
Guitonnière (la), 56.
Guyneuve, 95.
Guyonnière (la), 104.

H

Haie-Angebaud (la), 86.
HAIRIAU (LA), 50, 53, 54, (64), 92.
Haute-Goulaine, 5, 8.
Hautière (la), 17.
Haye (la), 58.
Haye-Chapeau (la), 91.
Herbaudière (la), 91.
HERBRETIÈRE (L'), 84, (87), 92.
Hermitière (l'), 92, 94.
HOMMELAIS (L'), 84, 85, (87-88), 92.
Hôpitau (l'), 90.
Houssaye (la), 25, 91, 107.
Huguetières (les), 60, 83, 92, 109.

I

Illiers, 39.
Ingrande, 68.
Isle-Bouin (l'), 69.

J

JAMONIÈRES (LES), (68-71) et passim.
Jarie (la), 85.
JARRIE (LA), 5, 15, (82).
Jarries (les Petites et les Grandes), 84, 92.
Jazeneuil, 8, 9.
Juigné, 94.

K

Keralio, 17.
Kerdour, 5.
Kermartin, 57.
Kersabiec, 7.
Keruet, 17.

L

Landas (le), 95.
Lande-Mesnard (la), 84.
LANDE-MOYNARD (LA), 84, 85, (88), 92.
Lanjouère, 21, 109.
Lardais (la), 64.

Laré, 21.
LAUJARDIÈRE, 92, (94).
Launay, 30, 53, 54, 56, 80, 109.
Lendormière, 81.
Léon, 28.
Lespau, 76.
Lézardière (la), 103.
LHOMMELAIS, 84, 85, (87-88), 92.
Liancé, 93.
Ligné, 1, 38.
Limouzinière (la), 55, 62, 73, 74, 75, 76, 85, 90.
Liré, 37, 81.
Liverdy, 96.
LOGERIE (LA), 84, 85, (88), 92.
Loiselinière, 82.
Lojardière, 94, 95.
Longueville, 32, 109.
Lorge, 28.
Loriardière, 52, 94.
Lorme, 4, 5, 23, 25, 26, 27, 83.
Loroux-Béconnais (le), 99.
Loterie (la), 71.
Loudun, 8.
Lourme. Voir Lorme.
Lourselière, 4.
Luzençay, 105.

M

Machecoul, 11, 52, 67, 70, 93.
Magnanne, 28.
Maillardière (la), 55, 56, 57, 69, 93, 108.
Maillère (la), 80.
MAILLÈRES (LES), 92, (94).
Malarit, 75.
Mallary, 75.
Marais-Michaud (le), 27, 50, 59.
Mareil, 21, 108.
Marmande, 104.
Marne (la), 53, 54, 67.
MAROUSERIE (LA), 92, (94).
MAROUSIÈRE (LA), 92, (94), 106.
Marronnière (la), 40, 108.
Marsac, 24.
Martigné, 23, 57.
Martigues, 9.
Marzan, 28, 57, 68.
Marzelle (la), 74, 75.

Massaine, 52.
Mausson, 84.
Meillerie (la), 84, 85, 92.
Ménarderie (la), 13, 23.
Mercœur, 9.
MERLINIÈRE (LA), 92, (95).
Mésanger, 108.
Mesquer, 5, 16.
Michellerie (la), 82.
Miré, 69.
Missillac, 57, 64.
Moillancherie (la), 50, 54, 59, 92.
MONCEAUX, 5, 26, 27, 29, (82), 92, 109.
Montfaucon, 5, 6, 45-48.
Morandais (les), 56.
MORICIÈRE (LA), (50-68) et passim.
Mortain, 10.
Mortemart, 94.
Mortiers (les), 82, 106.
Mouchetière (la), 82.
Moulin (le), 82, 83.
Moulin-Étienne (le), 92.
Moulin-Henriet (le), 20, 110.
Moulin-Neuf (le), 85.

N

Nantes, 51, 53, 54, 55, 56, 58, 70, 81, 82, 91, 93 et passim.
Navarrière (la), 96.
NICOLLIÈRE (LA), 92, (95).
Noë (la), 55, 95.
NOË-POURCEAU (LA), 53, 54, 71, 77, (79-80), 92, 95.
Noirmoutier (prieuré de), 97.
Noüe (la). Voir Noë (la).
Nozay, 24, 91.

O

Olivet, 80.
Orvault, 56.
Oudon, 16.

P

Pannecé, 5, 91.
Papinière (la), 24, 91.
Papotière (logis de la), 16, 17.
Passay, 73.
Pasty (le), 65.
Paytruère (la), 72.
Pelocquinière (la), 91.
Penthièvre, 9.
Perrière (la), 26.
Perron (le), 5, 8, 22.
Persac, 30.
Pesle du Chaffaut (le), 71, 92.
Petit-Troissart (le), 28, 92.
Peublerie (la), 86.
Pézénas, 9, 10.
PIED-PAIN (LE), 5, (84-89).
Piépain (le). Voir Pied-Pain.
Piletière (la), 50, (65).
Pillatière (la), 87.
Pillatière (la). Voir Pilletière (la).
Pilletière (la), 92.
Pin (le), 82.
Pinsonnière (la), 20, 108.
Plaine-Soudun (la), 84.
Plessé, 75.
Plessis (le), 54, 94.
PLESSIS-BUREAU (LE), 50, 54, 59, (65), 92.
Plessis-Garnier (le), 84.
Plessis-Gaurays (le), 56,
Plessis-Grimaud (le), 5, 27, 90, 106, 108.
PLESSIS-PILATON (LE), 50, 54, 59, 84, 85, (89), 92.
Plessis-Tison (le), 28.
Ploërmel, 73.
Pluherlin, 106.
Poncé, 95, 96.
Ponceau, 58.
. Ponnelerie (la), 50, 53, 59, 92.
Pontron (abbaye de), 54.
Pont-Saint-Martin, 83.
PORT-BOUSSINOT (LE), 92, (95).
Port-Durand (le), 28.
Porte (la), 84, 88, 95.
Port-Saint-Père (le), 75.
Poterie (la), 68, 69, 92.

Pouëz (le), 66.
POUILLÉ, 5, 24, (91-92).
Pouzauges, 103.
Préansière (la), 91.
Préau (le), 106.
Prébilé (le), 5, 36.
Pré-Nouveau (le), 75, 76.
Provosté (la), 4, 25, 92, 94, (95), 106.
Puy-Pain (le). Voir Pied-Pain.

Q

Quifistre, 17.
Quimper, 12.

R

Rais et Raiz. Voir Retz.
Ranzay, 56.
Ratonnière (la), 82, 83.
Redon, 16.
Reims, 54.
Rennes, 16.
RETELANDIÈRE (LA), 50, 54, 56, 59, (65), 92.
Retz, 10, 11, 68, 71, 75, 76, 83, 88, 109.
REVELLERIE (LA), 50, 63, (66), 92.
Rezé, 25, 106.
Riquelandière (la). Voir la Retelandière.
Rivière-Neuve (la), 95.
Roche (la), 20.
Roche-Giffard (la), 94.
Roche-Hervé (la), 57.
Rochequairie, 27, 110,
ROCHER (LE) (80), 92.
Rochers (les), 53, 80.
Rollieu, 56, 64.
Roujoux, 37.
Roussière (la), 92.
Rouxière (la), 92, 105.

S

Saint-Aignan, 25, 31, 32, 33, 69, 110.
Saint-Brieuc, 12.
Saint-Céran, 110.

Saint-Colombin, 51.
Saint-Donatien, 28, 56.
Saint-Étienne-du-Bois, 110.
Saint-Étienne-de-Montluc, 76.
Saint-Fulgent, 93.
Saint-Hilaire-de-Loulay, 76.
Saint-Lumine-de-Coutais, 97.
Saint-Maugan, 111.
Sainte-Pazanne, 5, 19, 56, 110.
Saint-Père-en-Retz, 57.
Saint-Philbert-du-Cellier (prieuré de), 81.
SAINT-PHILBERT-DE-GRAND-LIEU, 1, 5, 28, (92-96) et passim.
SAINT - PHILBERT - DE - GRAND - LIEU (PRIEURÉ DE) (96-97*).
SAINT-REMY, 92, (95).
Saint-Simon, 20.
Saint-Viaud, 5, 27, 90.
SALMONIÈRE (LA), 4, 5, 8, 24.
Savignac, 31.
Seilleraye (la), 55, 75, 81.
Sénardière (la), 29, 103.
Siméon, 36.
SOHERIE (LA), 84, (89), 92.
SOUCHAIS (LA), 80, 92, (96).
Souché, 69.
Soulanges, 105.
Sourdis, 90, 108.

T

Talhouët, 27, 90, 106.
TAMISERIE (LA), 50, 53, 54, 59, (66-68), 92.

Téhillac, 56, 57.
Teillière (la), 55.
Tharon, 57.
Thianges, 94.
Thouarcé, 56.
Tréambert, 5, 17.
Tresle (le), 25, 109.
Trévaly, 17.

V

Vannes, 15.
Varades, 91.
Varenne (la), 84.
Vérac, 35, 111.
Verdes, 53.
Verger (le), 92.
Verrie (la), 57.
Vertou, 8, 55, 108.
Vieillevigne, 94.
VIESQUES (LES), 92, (96).
Villars, 30, 39.
Ville-au-Chapt (la), 17.
Villeaudon (la), 13, 108.
Villebon, 53, 54.
Ville-Hulin (la), 95.
Villeneuve, 17.
Villeneuve (abbaye de), 51, 55, 69, 72, 87.
Villeroy, 83, 88.
Violain (le), 30.
Vitré, 18.
Viviers (les), 67.

BERGERAC

IMPRIMERIE GÉNÉRALE DU SUD-OUEST (J. CASTANET)
3, Rue Saint-Esprit, 3

DU MEME AUTEUR :

Histoire généalogique de la maison de l'Esperonnière, de ses alliances et des seigneuries qu'elle a possédées (Anjou, Poitou, Bretagne et Maine).

Preuves pour servir a l'histoire de la famille Le Jumeau, barons de Blou, comtes de Kergaradec (Anjou et Bretagne).

Histoire généalogique de la famille Bosquillon de Frescheville, de Jarcy, de Jenlis, etc. (Picardie, Beauvaisis et Ile-de-France).

Généalogies de Corbier, seigneurs de Saint-Pardoux-Corbier et barons de Pontarion (Limousin et Marche); Mignot de Bussy (Beaujolais, Lyonnais, Forez et Bresse); De La Bauve d'Arifat (Languedoc et île Maurice).

Sonnets franc-comtois (chef-d'œuvre inédit de poésie française du commencement du xviie siècle), avec une introduction et des notes.

Chacun de ces livres ou brochures est accompagné de tables de noms de familles et de localités.

Chez l'auteur : 93, rue Nollet, Paris.

www.ingramcontent.com/pod-product-compliance
Lightning Source LLC
Chambersburg PA
CBHW071728090426
42738CB00009B/1909